초보자를 위한
이탈리아어-한국어 단어장
Vocabolario: italiano - coreano

이기철 저

초보자를 위한
이탈리아어-한국어 단어장

초판 인쇄 : 2012년 5월 20일
초판 발행 : 2012년 5월 25일
저　　자 : 이 기 철
발 행 인 : 서 덕 일
발 행 처 : 도서출판 문예림
등　　록 : 1962. 7. 12 제2-110호
주　　소 : 서울시 광진구 군자동 1-13 문예하우스 101호
전　　화 : (02)499-1281~2
팩　　스 : (02)499-1283
http://www.bookmoon.co.kr
E-mail:book1281@hanmail.net

ISBN 978-89-7482-596-6 (13790)

＊저자와 협의에 의해 인지를 생략합니다．

유럽으로 여행을 떠나는 사람이라면 반드시 들리고 싶고, 들려야 하는 곳이 이탈리아이다. 왜냐하면 이탈리아는 유럽 역사의 중심이며 인간이 창조해 놓은 수많은 걸작이 오늘 날까지 살아 쉼 쉬고 있는 거대한 박물관이기 때문이다.

　우리가 흔히 말하는 '이탈리아' 라는 나라의 역사는 그리 길지 않다. 이탈리아가 통일을 이룬 해가 1861년이기 때문이다. 이탈리아 통일이 이뤄지기 전까지 '이탈리아' 가 의미하는 것은 단지 알프스 산맥 이남의 장화 모양으로 생긴 모양의 땅이었으며, 서로마 제국이 멸망한 해인 476년부터 1861년까지 이탈리아 반도에는 수많은 도시국가가 존재했기 때문이다. 이리힌 이유로 이탈리아는 다양성과 독창성을 동시에 지니고 있는 나라이다.

　여러 문화 중에서 까푸치노, 스빠게띠 등의 이탈리아 음식 문화는 이미 우리에게 매우 친숙한 존재가 되었고, 패션과 디자인 분야 또한 우리의 삶 속에 스며든 지 오래이다. 이탈리아의 다양한 문화가 우리에게 소개됨에 따라 이탈리아인들이 사용하는 언어 또한 자연스럽게 우리에게 알려졌.

　이 책 속에 일상생활에서 필수적인 이탈리아어 기본 단어들을 한글 발음과 함께 소개하였다. 이 작은 책이 이탈리아어를 처음 공부하는 분들에게 뿐만 아니라, 이탈리아로 여행을 떠나는 분들에게 유용한 도구가 되길 바란다.

2012년 3월. 이기철

차례

머리말	3	p	203		
a	5	q	235		
b	38	r	238		
c	50	s	251		
d	93	t	284		
e	109	u	300		
f	119	v	305		
g	135	w x y z	31		
h	147				
i	148				
j k	161				
l	162				
M	171				
n	188				
o	195				

a

a 아	(전) ~곳에, ~곳으로, ~에게
abate 아바떼	(남) 대수도원장
abbandonare 아반도나레	(타동) 포기하다
abbassare 아바사레	(타동) 낮추다
abbastanza 아바스딴짜	(부) 상당히, 충분히
abbattere 아바떼레	(타동) 부수다
abbazia 아바지아	(여) 대수도원
abbigliamento 아빌리아멘또	(남) 의류
- abbigliamento da alpinismo 아빌리아멘또 다 알삐니즈모	- 등산복
abboccato 아보까또	(형) 풀바디의(full bodied)
abbonamento 아보나멘또	(남) 정기권
abbonarsi 아보나르시	(재귀) 정기권을 구입하다

abbondante 아본단떼	(형) 풍부한, 많은 양의
abbondanza 아본단짜	(여) 풍부함
abbracciare 아브라촤레	(타동) 포옹하다
abbraccio 아브랏쵸	(남) 포옹
abbronzante 아브론잔떼	(남) 선텐로션
abbronzarsi 아브론자르시	(재귀) 선텐을 하다
abbronzato 아브론자또	(형) 선텐을 한, 구리빛의
abile 아빌레	(형) 유능한, 기술을 지닌
abilità 아빌리따	(여) 유능함, 기술
abitante 아비딴떼	(남), (여) 거주자, 주민
abitare 아비따레	(자동) 거주하다
abitazione 아비따찌오네	(여) 거주지, 집
abito 아비또	(남) 양복, 정장, 옷
abitualmente 아비뚜알멘떼	(부) 습관적으로

abituarsi 아비뚜아르시	(재귀) 습관이 들다, 익숙해지다
abituato 아비뚜아또	(형) 익숙한
abitudine 아비뚜디네	(여) 습관
abolire 아볼리레	(타동) 폐지하다
abortire 아보르띠레	(자동) 낙태하다
aborto 아보르또	(남) 낙태
abusare 아부자레	(타동) 이용하다, 남용하다
abusivo 아부지보	(형) 불법의
acaro 아까로	(남) 진드기
accademia 아까데미아	(여) 아카데미, 학교
accadere 아까데레	(자동) 발생하다
accaldato 아깔다또	(형) 더운, 땀을 흘린
accampamento 아깜빠멘또	(남) 야영, 캠핑
accamparsi 아깜빠르시	(재귀) 야영을 하다, 캠핑을 하다

accanto 아깐또	(부) 곁에, 옆에
accappatoio 아까빠또이오	(남) 목욕 가운
acceleratore 아첼레라또레	(남) 악셀러레이터
accendere 아첸데레	(타동) 불을 붙이다
accendino 아첸디노	(남) 라이터
accennare 아첸나레	(타동) 언급하다, 지적하다
accento 아첸또	(남) 악센트
acceso 아체조	(형) 불켜진, 불타는
accesso 아쳇소	(남) 접근, 진입
accessorio 아체소리오	(남) 악세서리
accettare 아체따레	(타동) 받아들이다, 접수하다
accettazione 아체따찌오네	(여) 접수, 리셉션
acciaio 아치아요	(남) 강철, 스틸
acciuga 아츄가	(여) 엔초비(anchovies), 멸치

accogliere 아꼴리에레	(타) 접대하다
accomodarsi 아꼬모다르시	(재귀동사) 편하게 하다
accompagnare 아꼼빠냐레	(타) 동반하다, 데려다주다
acconto 아꼰또	(나) 선금
accordo 아꼬르도	(남) 동의, 찬성, 일치
accorgersi 아꼬르제르시	(재귀) 인식하다
accurato 아꾸라또	(형) 세심힌, 신중한
acero 아체로	(남) 단풍나무
aceto **- aceto balsamico** 아체또 -아체또 발사미꼬	(남) 식초- 발삼 식초
acidità 아치디따	(여) 산도
acido 아시도	(형) 맛이 신 (남) 산(酸)
acino 아치노	(남) 포도 알
acne 아끄네	(여) 여드름
acqua 아꽈	(여) 물

- acqua bollente — 끓는 물
  아꽈 볼렌떼
- acqua calda — 온수
  아꽈 깔다
- acqua fredda — 냉수
  아꽈 프레다
- acqua gassata — 탄산수
  아꽈 가사따
- acqua minerale naturale — 생수
  아꽈 미네랄레 나뚜랄레
- acqua potabile — 식수
  아꽈 뽀따빌레

acquavite (남) 브랜디
아꽈비떼

acquazzone (남) 소나기
아꽈쪼네

acquistare (타) 구입하다, 획득하다
아뀌스따레

acquisto (남) 구매, 매입
아뀌스또

acuto (형) 뾰족한
아꾸또

adatto (형) 적합한
아닷또

addestrare (타) 훈련을 시키다
아데스뜨라레

addestrarsi (자) 훈련을 하다
아데스뜨라르시

addizione 아디찌오네	(여) 부가, 더하기
addormentarsi 아도르멘따르시	(재귀동사) 잠들다
addormentato 아도르멘따또	(형) 잠든
addosso 아돗소	(부) 입고, 위에, 향해서
adesivo 아데지보	(남) 접착 테이프, 스티커
adesso 아뎃소	(부) 지금
adolescente 아돌레쉔떼	(남,여) 십대, 청년 (형) 십대의, 사춘기의
adottare 아도따레	(타) 맡아 기르다. 발견하다
adulterio 아둘떼리오	(남) 간통
adulto 아둘또	(남) 어른, 성인
aereo 아에레오	(남) 비행기 (형) 항공의
- aereo da trasporto 아에레오 다 뜨라스뽀르또	- 수송기
- in aereo 인 아에레오	- 비행기로, 비행기를 타고
aeroplano 아에로쁠라노	(남) 비행기 (형) 항공의

aeronautica 아에로나우띠까	(여) 공군
aeroporto 아에로뽀르또	(남) 공항
affare 아파레	(남) 사업
affetto 아펫또	(남) 애정
affitto 아핏또	(남) 월세
affogato 아포가또	(형) 물에 빠진, 적신
affrettarsi 아프레따르시	(재귀) 서두르다
afoso 아포조	(형) 무더운
Africa 아프리까	(여) 아프리카
africana 아프리까나	(명) 아프리카 여자
africano 아프리까노	(명) 아프리카 남자, 아프리카의
agenzia 아젠지아	(여) 에이전시
- agenzia di viaggi 아젠지아 디 비앗지	- 여행사
aggettivo 아제띠보	(남) 형용사(문법)

aggiornato 아죠르나또	(형) 업데이트한, 최신의
aggiungere 아쥰제레	(타동) 부가하다, 첨가하다
aggiunta 아쥰따	(여) 부가, 첨가
agitato 아지따또	(형) 동요하는, 요동치는
aglio 알리오	(남) 마늘
agnello 아뻴로	(남) 숫양
- agnello arrosto 아뻴로 아로스또	- 양고기 구이
ago 아고	(남) 침, 바늘
agopuntura 아고뿐뚜라	(여) 침(한의학)
agopunturista 아고뿐뚜리스따	(남) 침술사
agosto 아고스또	(남) 팔월
agricoltore 아그리꼴또레	(남) 농부, 농민
agricoltura 아그리꼴뚜라	(여) 농업
agro 아그로	(형) 시큼한

agrodolce 아그로돌체	(형) 달콤새콤한
agrumi 아그루미	(남.복) 감귤류 과일
aiutare 아이우따레	(타동) 돕다
aiuto 아이우또	(남) 도움, 원조
- Aiuto! 아이우또!	- 도와줘!
alba 알바	(여) 새벽
albergo 알베르고	(남) 호텔, 여관
albero 알베로	(남) 나무
- albero di frutta 알베로 디 프룻따	- 과수
- albero di Natale 알베로 디 나딸레	- 크리스마스 트리
albicocca 알비꼬까	(여) 살구
alcolico 알꼴리꼬	(형) 알코올 성분의 (명) 알코올 음료
alcuno 알꾸노	(형) 약간의 (대) 어떤 사람
alga 알가	(여) 해초

alimentare 알리멘따레	(남) 식료품. (타동) 공급하다.
aliotidi 알리오띠디	(여) 전복(해산물)
allarme 알라르메	(남) 알람, 경고
allegare 알레가레	(타) 첨부하다
allegato 알레가또	(형) 첨부한. (남) 첨부
allegro 알레그로	(형) 명랑한, 쾌활한
allenatore 알레나또레	(남) 감독
allergia 알레르지아	(여) 알레르기
allevamento 알레바멘또	(남) 사육
allevare 알레바레	(타동) 사육하다, 양육하다
allieva 알리에바	(여) 여자 제자
allievo 알리에보	(남) 남자 제자
all'ingrosso 알링그로쏘	도매로
alloggio 알로지오	(남) 숙소, 숙박

alluvione 알루뵤네	(여) 홍수
almeno 알메노	(부) 적어도, 최소한
alpinismo 알삐니즈모	(남) 등산
alpinista 알삐니스따	(남) 등산가
altare 알따레	(남) 제단(종교)
alternativo 알떼르나띠보	(형) 양자택일의, 대신의
altezza 알뗏짜	(여) 고도, 높이, 키
alto 알또	(형) 높은, 키가 큰
altoparlante 알또빠를란떼	(남) 스피커
altrettanto 알뜨레딴또	(대) 동일한 것 (부) 똑같이
altrimenti 알뜨리멘띠	(부) 그렇지 않으면, 다른 방식으로
altro 알뜨로	(형) 다른. (대) 다른 사람
- un altro modo 운 알뜨로 모도	- 다른 방법
- un altro uomo 운 알뜨로 우오모	- 다른 사람

alzarsi 알짜르시		(재귀동사) 일어나다(자리에서)
- Alzati! 알짜띠!		−일어나!
amante 아만떼		(남) 애인
amare 아마레		(타동) 사랑하다
amaro 아마로		(형) 쓴(맛이)
ambasciata 암바샤따		(여) 대사관

- Ambasciata della Corea in Italia − 이탈리아 주재 한국대사관
암바샤따 델라 꼬레아 인 이딸리아

ambasciatore 암바샤또레		(남) 대사
ambiente 암비엔떼		(남) 환경
ambiguo 암비구오		(형) 모호한
ambizione 암비찌오네		(여) 열망, 야망
ambra 암브라		(여) 호박(광물)
ambulanza 암블란짜		(여) 응급차
ambulatorio 암불라또리오		(남) 진료실

America del Nord 아메리까 델 노르드	(여) 북아메리카
America del Sud 아메리까 델 수드	(여) 남아메리카
America Latina 아메리까 라띠나	(여) 라틴아메리카
americano 아메리까노	(남) 미국 사람. (형) 미국의
ametista 아메띠스따	(여) 자수정
amica 아미까	(여) 여자 친구
amicizia 아미칫찌아	(여) 우정
amico 아미꼬	(남) 남자 친구
ammalato 아말라또	(형) 아픈, 병든
ammettere 암멧떼레	(타) 시인하다, 인정하다
amministrare 암미니스뜨라레	(타동) 관리하다
amministratore 암미니스뜨라또레	(남) 관리인
amministrazione 암미니스뜨라찌오네	(여) 관리
ammissione 암미시오네	(여) 가입, 승인

- ammissione alla scuola 암미시오네 알라 스꾸올라	– 입학
ammobiliato 암모빌리아또	(형) 가구가 비치된
ammorbidente 암모르비덴떼	(남) 유연제
amo 아모	(남) 낚시 바늘
amore 아모레	(남) 사랑
analcolico 아날꼴리꼬	(형) 알코올 성분이 없는
analisi 아날리지	(여) 분석
analizzare 아날리자레	(타동) 분석하다
ananas 아나나스	(남) 파인애플
anatra 아나뜨라	(여) 오리
anche 앙께	(접) 또한, 역시
ancora 앙꼬라	(부) 또, 다시, 여전히. (악센트가 o에 있음)
- ancora una volta 앙꼬라 우나 볼따	– 다시 한 번
andare 안다레	(자동) 가다

- andare a fare la spesa — 쇼핑을 하러 가다
  안다레 아 파레 라 스뻬자

- andare a vedere — 구경가다
  안다레 아 베데레

- andare al cinema — 영화를 보러가다
  안다레 알 치네마

- andare diritto — 직진하다
  안다레 디릿또

- andare in chiesa — 교회에 가다
  안다레 인 끼에자

- andare in pensione — 은퇴하다
  안다레 인 뻰시오네

- andare in vacanza — 휴가를 떠나다
  안다레 인 바깐짜

andata (여) 편도
안다따

- andata e ritorno — 왕복
  안다따 에 리또르노

Andiamo! 갑시다!
안디아모!

- Andiamo a piedi! — 걸어갑시다!
  안디아모 아 삐에디!

anello (남) 링, 고리, 반지
아넬로

- anello d'argento — 은반지
  아넬로 다르젠또

- anello di fidanzamento — 약혼 반지
  아넬로 디 피단자멘또

anello di perle 아넬로 디 뻬를레	− 진주 반지
anemia 아네미아	(여) 빈혈
anestesia 아네스떼지아	(여) 마취
- anestesia totale 아네스떼지아 또딸레	− 전신 마취
anestetico 아네스떼띠꼬	(남) 마취제
angolo 앙골로	(남) 구석, 모퉁이
anguilla 앙귈라	(여) 뱀장어
anguria 앙구리아	(여) 수박
anima 아니마	(여) 영혼
animale 아니말레	(남) 동물
- animale domestico 아니말레 도메스띠꼬	− 가축
- animale selvatico 아니말레 셀바띠꼬	− 야생 동물
annata 안나따	(여) 빈티지(vintage)
anno 안노	(남) 해(년도)

- **anno nuovo**
  안노 누오보
  – 새해

- **anno prossimo**
  안노 쁘롯시모
  – 내년

- **anno scorso**
  안노 스꼬르소
  – 작년, 지난해

annullare
안눌라레
(타) 취소하다

annunciare
아눈치아레
(타동) 발표하다

annuncio
아눈치오
(남) 알림, 공고

anonimo
아노니모
(형) 익명의

antenato
안떼나또
(남) 조상

anteriorità
안떼리오리따
(여) 선행성

antibiotico
안띠비오띠꼬
(남) 항생제

anticamera
안띠까메라
(여) 현관

antichità
안띠끼따
(여) 고대

anticipo
안띠치뽀
(남) 앞당김, 미리

- **in anticipo**
  인 안디치뽀
  미리, 먼저

antico 안띠꼬	(형) 오래된, 고대의
antiforfora 안띠포르포라	(형) 비듬 방지의
antiorario 안띠오라리오	(형) 시계 반대 방향의
antipasto 안띠빠스또	(남) 전채요리
antipatico 안띠빠띠꼬	(형) 불쾌한, 불친절한
antisettico 안띠세띠꼬	(남) 방부제
anulare 아눌아레	(남) 약손가락
anzi 안지	(접) 오히려, 사실상
anziché 안지께	(접) 대신에, ~라기 보다
ape 아뻬	(여) 벌(곤충)
- ape regina 아뻬 레지나	- 여왕벌
aperitivo 아뻬리띠보	(남) 식전주
apertamente 아뻬르따멘떼	(부) 공개적으로
aperto 아뻬르또	(형) 영업중인, 열린 마음의

apparecchio 아빠레끼오	(남) 장치, 보호대
apparire 아빠리레	(자동) 나타나다
appartamento 아빠르따멘또	(남) 아파트
appartenere 아빠르떼네레	(자동) 속하다
appassionato 아빠시오나또	(형) 열정적인, 사랑하는
appena 아뻬나	(부) 이제 막
appendere 아뻰데레	(타) 걸다
- appendere l'abito 아뻰데레 라비또	- 옷을 걸다
appendicite 아뻰디치떼	(여) 맹장염
appetito 아뻬띠또	(남) 식욕
applaudire 아쁠라우디레	(타동) 박수를 치다
applauso 아쁠아우조	(남) 박수
applicare 아쁠리까레	(타동) 적용하다
applicazione 아쁠리까찌오네	(여) 적용

appoggiare 아뽀지아레	(타) 놓다, 기초하다
apprendista 아쁘렌디스따	(남) 초보자
approfittare 아쁘로피따레	(자동) 기회를 이용하다
approfondire 아쁘로폰디레	(타) 심도있게 연구하다
approvare 아쁘로바레	(타) 승인하다
appuntamento 아뿐따멘또	(남) 약속, 데이트
apribottiglie 아쁘리보띨례	(남) 병따개
aprile 아쁘릴레	(남) 사월
aprire 아쁘리레	(타동) 뜯다, 열다. (자동) 일을 시작하다
- aprire gli occhi 아쁘리레 리 오끼	- 눈을 뜨다
- aprire la porta 아쁘리레 라 뽀르따	- 문을 열다
- aprire un conto corrente 아쁘리레 운 꼰또 꼬렌떼	- 계좌를 열다
aprirsi 아쁘리르시	(재귀동사) 열리다
aquila 아낄라	(여) 독수리

araba 아라바	(여) 아랍 여자
arabo 아라보	(남) 아랍 남자 (형) 아랍의
arachide 아라끼데	(여) 땅콩
aragosta 아라고스따	(여) 바다가재
arancia 아란챠	(여) 오렌지
aranciata 아란치아따	(여) 오렌지 음료
arancio 아란쵸	(남) 오렌지 나무
arancione 아란쵸네	(형) 오랜지 색의
arbitro 아르비뜨로	(남) 주심, 심판
archeologa 아르께올로가	(여) 여자 고고학자
archeologia 아르께올로좌	(여) 고고학
archeologo 아르께올로고	(남) 남자 고고학자
architetto 아르끼떼또	(남) 건축가
archittetura 아르끼떼뚜라	(여) 건축

arco 아르꼬	(남) 활	
area 아레아	(여) 지역, 구역	
Argentina 아르젠띠나	(여) 아르헨티나	
argentina 아르젠띠나	(여) 아르헨티나 여자	
argentino 아르젠띠노	(남) 아르헨티나 남자, (형) 아르헨티나의	
argento 아르젠또	(남) 은(銀)	
argomento 아르고멘또	(남) 주제	
aria 아리아	(여) 공기	
aringa 아링가	(여) 청어(생선)	
arma 아르마	(여) 무기	
- arma nucleare 아르마 누끌레아레	– 핵무기	
armadietto 아르마디엣또	(남) 캐비닛	
armadio 아르마디오	(남) 가구, 옷장	
armonia 아르모니아	(여) 조화	

arrabbiarsi 아라비아르시	(재귀동사) 화내다
arrabbiato 아라비아또	(형) 화가난
arredamento 아레다멘또	(남) 가구
arredato 아레다또	(형) 가구가 비치된
arrestare 아레스따레	(타) 체포하다
arresto 아레스또	(남) 체포
arrivare 아리바레	(자동) 도착하다
- arrivare tardi 아리바레 따르디	- 늦게 도착하다
Arrivederci! 아리베데르치!	또 만나(요)!
ArrivederLa! 아리베데를라!	안녕히 가세요! 또 뵙겠습니다!
arrivo 아리보	(남) 도착
arrossire 아로씨레	(자동) 얼굴이 붉어지다
arrosto 아로스또	(남) 구이 요리
arte 아르떼	(여) 예술, 기술

- bell'arte 벨라르떼	- 미술
articolo 아르띠꼴로	(남) 관사(문법), 신문 기사, 법 조항
- articolo determinativo 아르띠꼴로 데떼르미나띠보	- 정관사
- articolo esentasse 아르띠꼴로 에센따쎄	- 면세품
- articolo indeterminativo 아르띠꼴로 인데떼르미나띠보	- 부정관사
artificiale 아르띠피치알레	(형) 인공적인
artigiano 아르띠쟈노	(남) 수공업자
artista 아르띠스따	(남) 예술가
artistico 아르띠스띠꼬	(형) 예술적인
artralgia 아르뜨랄쟈	(여) 관절통
artrite 아르뜨리떼	(여) 관절염
ascensore 아쉔소레	(남) 승강기, 엘리베이터
asciugacapelli 아슈가까뻴리	(남) 헤어 드라이어
asciugamano 아슈가마노	(남) 타월, 수건

asciugatrice 아슈가뜨리체	(여) 건조기
asciutto 아슛또	(형) 마른, 건조한
ascoltare 아스꼴따레	(타동) 듣다
Asia 아시아	(여) 아시아
asiatico 아시아띠꼬	(형) 아시아의
asilo 아질로	(남) 보호소, 유치원
- asilo-nido 아질로 니도	– 유치원–유아원
asino 아지노	(남) 노새, 망아지
asparagi 아스빠라지	(남.복) 아스파라거스
aspettare 아스뻬따레	(타동) 기다리다
aspetto 아스뻿또	(남) 모습, 외모
aspirapolvere 아스삐라뽈베레	(남) 진공 청소기
aspirina 아스피리나	(여) 아스피린
assaggiare 앗사쮜아레	(타동) 맛보다, 시음하다, 시식하다

assai 아사이	(부) 매우
assegno 아세뇨	(남) 수표
assemblare 아셈블라레	(타동) 조립하다
assente 아센떼	(형) 결석한
assenza 아쎈자	(여) 결석, 결근
assicurazione 아시꾸라찌오네	(여) 보험
assistente 아시스뗀떼	(남,여) 조력자, 어시스턴트
associazione 아소챠찌오네	(여) 협회
assolutamente 아솔루따멘떼	(부) 절대적으로
assoluto 아솔루또	(형) 절대적인
assorbente 아소르벤떼	(남) 생리대
assumere 아수메레	(타) 고용하다
astratto 아스뜨랏또	(형) 추상적인
astronave 아스뜨로나베	(여) 우주선

astronomia 아스뜨로노미아	(여) 천문학
astuccio 아스뚜쵸	(남) 필통
atleta 아뜰레따	(남,여) 운동선수
atomico 아또미꼬	(형) 원자력의
attaccante 아따깐떼	(남), (여) 공격수(축구)
attaccapanni 아따까빤니	(남) 옷걸이
attaccare 아따까레	(타동) 붙이다, 공격하다
attacco 아따꼬	(남) 공격
- attacco cardiaco 아따꼬 까르디아꼬	- 심장마비
attento 아뗀또	(형) 조심스런
attenzione 아뗀찌오네	(여) 주의, 조심
- fare attenzione 파레 아뗀찌오네	- 주의하다
atterraggio 아떼랏죠	(남) 착륙
- atterraggio d'emergenza 아떼랏죠 데메르젠자	불시착

32

atterrare 아떼라레	(자동) 착륙하다
attesa 아떼자	(여) 기다림
attico 아띠꼬	(남) 다락방
attimo 아띠모	(남) 순간, 잠깐
attività 아띠비따	(여) 활동
attivo 아띠보	(형) 활동적인, 능동적인
atto 아또	(남) 막(연극)
attore 아또레	(남) 남자 배우
attraente 아뜨라엔떼	(형) 매력적인, 유혹하는
attrattiva 아뜨라띠바	(여) 매력
attraversare 아뜨라베르사레	(타동) 건너가다, 횡단하다
attraverso 아뜨라베르소	(부) ~통해서
attrezzato 아뜨레자또	(형) 설비된
attrezzatura 아뜨레자뚜라	(여) 시설, 설비

attrezzo 아뜨레쪼	(남) 장비, 도구
attrice 아뜨리체	(여) 여자 배우
attuale 아뚜알레	(형) 현재의
augurare 아우구라레	(타동) 축하하다
Auguri! 아우구리!	(감탄사) 축하합니다!
augurio 아우구리오	(남) 축하
aula 아울라	(여) 교실
aumentare 아우멘따레	(타동) 증가시키다. 가격을 올리다.
ausiliare 아우질리아레	(형) 보조의
autentico 아우뗀띠꼬	(형) 사실의, 진짜의
autista 아우띠스따	(남) 운전사
autobus 아우또부스	(남) 버스
- autobus turistico 라우또부스 뚜리스띠꼬	- 관광 버스
autografo 아우또그라포	(남) 서명, 사인

automatico 아우또마띠꼬	(형) 자동의
automobile 아우또모빌레	(여) 자동차
autonoleggio 아우또놀레쬬	(남) 카 렌트, 렌터카 회사
autore 아우또레	(남) 저자, 작가
autoscuola 아우또스꾸올라	(남) 자동차 학원
autostrada 아우또스뜨라다	(여) 고속도로
autunno 아우뚠노	(남) 가을
avanti 아반띠	(부) 앞으로
avarizia 아바리짜아	(여) 욕심
avaro 아바로	(남) 구두쇠. (형) 욕심이 많은
avere 아베레	(타동) 가지다
- avere caldo 아베레 깔도	- 덥다(몸이)
- avere fame 아베레 파메	- 배고프다
- avere freddo 아베레 프레도	- 춥다(몸이)

- **avere mal d'aereo**   – 멀미하다(비행기)
  아베레 말 다에레오

- **avere mal di testa**   – 머리가 아프다
  아베레 말 디 떼스따

- **avere ragione**   – 옳다
  아베레 라지오네

- **avere una fame da lupo** – 허기가 심하다
  아베레 우나 파메 다 루뽀

- **avere una gomma a terra** – 펑크나다
  아베레 우나 곰마 아 떼라

aviazione   (여) 항공
아비아찌오네

avvelenamento   (남) 중독
아벨레나멘또

avventura   (여) 모험
아벤뚜라

avventurare   (타동) 모험하다
아벤뚜라레

avverbio   (남) 부사(문법)
아베르비오

avversario   (남) 상태편, 적, 반대자
아베르사리오

avvicinarsi   (재귀동사) 접근하다, 다가가다
아비치나르시

avviso   (남) 공고(公告), 알림, 의견
아비조

avvocato   (남) 변호사
아보까또

azione
아찌오네
(여) 행동, 주식

azzurro
아쭈로
(형) 푸른 색의

b

babbo
밥보
(남) 아빠

- Babbo Natale
밥보 나딸레
− 산타크로스 할아버지

bacchetta
바껫따
(여) 막대기

baciare
바촤레
(타동) 키스하다

bacio
바쵸
(남) 키스

baco
바꼬
(남) 벌레

badessa
바데싸
(여) 수녀원장

baffi
바피
(남.복) 콧수염

bagagliaio
바갈랴이오
(남) 트렁크(자동차)

bagaglio
바갈리오
(남) 수하물, 짐

- bagaglio a mano
바갈리오 아 마노
− 수화물(hand baggage)

bagnato
바냐또
(형) 젖은

bagno 바뇨	(남) 목욕, 목욕탕, 화장실
- bagno pubblico 바뇨 뿌블리꼬	- 공중 목욕탕
bagnoschiuma 바뇨스끼우마	(여) 목욕 샴푸
balcone 발꼬네	(남) 발코니
ballare 발라레	(자동) 춤을 추다. (타동) 탱고 등을 추다
ballo 발로	(남) 댄스(춤)
bambina 밤비나	(여) 여자 아이
bambino 밤비노	(남) 남자 아이
bambola 밤볼라	(여) 인형
bambù 밤부	(남) 대나무
banana 바나나	(여) 바나나
banca 방까	(여) 은행
bancaria 방까리아	(여) 여자 은행원
bancario 방까리오	(남) 남자 은행원

bancarotta 방까롯따	(여) 파산
banchina 방끼나	(여) 부두
banco 방꼬	(남) 의자가 부착되어 있는 책상, 테이블
bandiera 반디에라	(여) 기(旗), 깃발
- bandiera nazionale 반디에라 나찌오날레	- 국기(國旗)
bar 바르	(남) 바, 주점
barba 바르바	(여) 구렛나루, 수염
- farsi la barba 파르시 라 바르바	- 면도를 하다
barbiere 바르비에레	(남) 이발사, 이발소
barca 바르까	(여) 보트, 작은 배
barista 바리스따	(남) 바텐더
base 바제	(여) 기초
baseball 베이스볼	(남) 야구
basilico 바질리꼬	(남) 바질(basil 향료)

basso 밧소	(형) 낮은, 키가 작은, 값이 싼
bastare 바스따레	(자동) 충분하다
bastoncino 바스똔치노	(남) 작은 막대기
- bastoncini (cinesi) 바스똔치니 (치네지)	– 젓가락
battaglia 바딸리아	(여) 전투
battere 바떼레	(타동) 두드리다, 때리다. (자동) 해가 땅을 비추다
batteria 바떼리아	(여) 건전지, 배터리, 드럼(악기)
battesimo 바떼지모	(남) 세례
baule 바울레	(남) 자동차 트렁크
becco 베꼬	(남) 새의 부리
bellezza 벨렛짜	(여) 아름다움
bello 벨로	(형) 예쁜, 멋있는 (남) 아름다움
benda 벤다	(여) 붕대
bene 베네	(부) 잘

benedire 베네디레	(타동) 축복하다
benedizione 베네디찌오네	(여) 축복
beneducato 벤에두까또	(형) 예의가 바른
Benvenuto(a)! 벤베누또(따)!	(감탄사) 환영합니다!
benzina 벤지나	(여) 가솔린, 휘발류
bere 베레	(타동) ~을/를 마시다
berretto 베렛또	(남) 베레모(모자)
- berretto da alpinismo 베렛또 다 알삐니즈모	- 등산모자
bersaglio 베르살리오	(남) 타겟, 목표물
bevanda 베반다	(여) 음료수
biancheria 비앙께리아	(여) 린넨 제품
- biancheria intima 비앙께리아 인띠마	- 속옷
bianco 비앙꼬	(형) 흰색의, (남)흰색
biberon 비베롱	(남) 젖병

bibita 비비따	(여) 음료수
biblioteca 비블리오떼까	(여) 도서관
Biblioteca nazionale 비블리오떼까 나찌오날레	(여) 국립 도서관
bicchiere 비끼에레	(남) 컵(cup)
- un bicchiere d'acqua 운 비끼에레 다꾸아	- 물 한 잔
- un bicchiere di birra 운 비끼에레 디 비라	- 맥주 한 잔
- un bicchiere di vino 운 비끼에레 디 비노	- 포도주 한 잔
bicicletta 비치끌렛따	(여) 자전거
bidone dell'immondizia 비도네 델림몬디찌아	쓰레기통
bigliettaio 빌리에따이오	(남) 매표원
biglietteria 빌리에떼리아	(여) 매표소
biglietto 빌리엣또	(남) 티켓, 표, 지폐
- biglietto collettivo 빌리엣또 꼴렛띠보	- 단체 표
- biglietto da visita 빌리에또 다 비지따	- 명함

- biglietto d'aereo — 항공권
  빌리엣또 다에레오

- biglietto d'entrata — 관람권(입장권)
  빌리엣또 덴뜨라따

- biglietto di andata e ritorno — 왕복표
  빌리엣또 디 안다따 에 리또르노

- biglietto giornaliero — 데이티켓(day ticket)
  빌리엣또 죠르날례로

bilancia (여) 저울
빌란챠

biliardo (남) 당구
빌리아르도

bimba (여) 여자 갓난아이
빔바

bimbo (남) 남자 갓난아이
빔보

binario (남) 기차 선로(플랫폼)
비나리오

binocolo (남) 망원경
비노꼴로

biologia (여) 생물학
비올로지아

biro (남) 볼펜
비로

birra (여) 맥주
비라

- birra alla spina — 생맥주
  비라 알라스삐나

- **birra in bottiglia**
  비라 인 보띨랴
  – 병맥주

- **birra in lattina**
  비라 인 라띠나
  – 캔맥주

bis
비스
(형) 반복의, 두번째의
(남) 반복 (감탄사) 앵콜

biscotto
비스꼿또
(남) 비스킷

bisogno
비조뇨
(남) 필요, 필요성

bistecca
비스떼까
(여) 스테이크(요리)

- **bistecca di manzo**
  비스떼까 디 만조
  – (여) 비프스테이크

bloccare
블로까레
(타동) 막다, 차단하다

blu
블루
(형) 파란 색의 (명) 파란색

bocca
보까
(여) 입(口)

bolla
볼라
(여) 물집

bollente
볼렌떼
(형) 뜨거운, 끓는

bollire
볼리레
(자동) 끓다.
(타동) 삶다, 끓이다

bomba
봄바
(여) 폭탄

bonifico 보니피꼬	(남) 송금
- fare il bonifico 파레 일 보니피꼬	- 송금하다
borsa 보르사	(여) 쇼핑백, 가방, 주식
- borsa da viaggio 보르사 다 비아죠	- 여행 가방
- borsa di studio 보르사 디 스뚜디오	- 장학금
borsaiolo 보르사이올로	(남) 소매치기
borsetta 보르셋따	(남) 핸드백
bosco 보스꼬	(남) 숲
bottega 보떼가	(여) 가게
bottiglia 보띨랴	(여) 병(저장 용기)
bottoncino 보똔치노	(남) 단추
bozza 봇짜	(여) 초안
braccia 브라촤	(여.복) 팔(신체)
braccialetto 브라촬렛또	(남) 팔찌

braciola 브라치올라	(여) 스테이크
- braciola di agnello 브라치올라 디 아녤로	– 양고기 스테이크
- braciola di vitello 브라치올라 디 비뗄로	– 송아지 고기 스테이크
brandy 브렌디	(남) 브랜디
branzino 브란지노	(남) 농어(생선)
Brasile 브라질레	(남) 브라질
bravo(a) 브라보	(형) 똑똑한, 영리한, 훌륭한
breve 브레베	(형) 짧은
brina 브리나	(여) 서리
broccolo 브로꼴로	(남) 브로콜리
brodo 브로도	(남) 스프(soup)
bronzo 브론조	(남) 청동
bruciare 브루촤레	(자동) 타다(불에) (타동) 태우다
brutto 브룻또	(형) 나쁜, 못생긴 (남) 나쁜 남자

buca 부까	(여) 구멍
- buca per le lettere 부까 뻬르 레 레떼레	- 우체통
bucato 부까또	(남) 빨래
buccia 부챠	(여) 껍질
buco 부꼬	(남) 구멍
budino 부디노	(남) 푸딩(pudding)
bufalo 부팔로	(남) 물소
buffo 부포	(형) 우스운
bugia 부지아	(여) 거짓말
bugiardo 부좌르도	(남) 거짓말쟁이
buio 부요	(형) 어두운
bullone 불로네	(남) 볼트(bolt)
buono 부오노	(형) 맛있는, 착한
- a buon mercato 아 부온 메르까또	- 가격이 좋은

- è buono 에 부오노	- 맛있다
buonumore 부온우모레	(남) 즐거운 기분
burro 부로	(남) 버터
bussare 붓사레	(타동) 두드리다
- bussare alla porta 붓사레 알라 뽀르따	- 노크하다
bussola 붓솔라	(여) 나침반
busta 부스따	(여) 봉투
buttare 부따레	(타) 버리다, 부수다

cabina
까비나
(여) 선실

cacciare
까챠레
(타동) ~을/를 붙잡다, ~을/를 쫓아내다.
(자동) 사냥하다

cacciatore
까챠또레
(남) 사냥꾼

cacciavite
까치아비떼
(남) 드라이버

caco
까꼬
(남) 감(과일)

cadavere
까다베레
(남) 시체

cadere
까데레
(자동) 넘어지다, 떨어지다

caffè
까페
(남) 커피, 카페

- caffè espresso
까페 에스쁘레소
- 에스쁘레소커피

caffellatte
까펠랏떼
(남) 밀크커피

caffettiera
까페띠에라
(여) 커피포트, 커피메이커

calamaro
깔라마로
(남) 오징어

calamita 깔라미따	(여) 자석
calciare 깔차레	(타동) 발로 차다
calciatore 깔차또레	(남) 축구 선수
calcio 깔쵸	(남) 축구
- calcio d'angolo 깔쵸 당골로	- 코너킥
- calcio di punizione 깔쵸 디 뿌니찌오네	- 프리킥
- calcio di rigore 깔쵸 디 리고레	- 페널티킥
calcolare 깔꼴라레	(타동) 계산하다
calcolatrice 깔꼴라뜨리체	(여) 계산기
calcolo 깔꼴로	(남) 계산
caldo 깔도	(형) 더운, 따뜻한. (남) 더위
calendario 깔렌다리오	(남) 달력
- calendario ecclesiastico 깔렌다리오 에끌레시아스띠꼬	- 교회력
- calendario lunare 깐렌다리오 루나레	- 음력

- calendario solare 깔렌다리오 솔라레	- 양력
callo 깔로	(남) 티눈
calmante 깔만떼	(남) 진통제
calmare 깔마레	(타동) 진정시키다
calmarsi 깔마르시	(재귀동사) 진정되다
caloria 깔로리아	(여) 열량, 칼로리
calvo 깔보	(형) 대머리의, 머리가 벗겨진
calze 깔쩨	(여.복) 스타킹
calzini 깔찌니	(남.복) 양말
cambiale 깜비알레	(여) 환어음
cambiare 깜비아레	(타동) 바꾸다, 교환하다, 갈아타다, 환전하다
- cambiare idea 깜비아레 이데아	- 생각을 바꾸다
cambio 깜삐오	(남) 교환, 환승, 기어, 환율
- cambio di valuta 깜비오 디 발루따	- 환전

camera 까메라	(여) 방(room)
- camera da letto 까메라 다 렛또	− 침실
- camera doppia 까메라 돕삐아	− 트윈룸
- camera singola 까메라 싱골라	− 싱글룸
- camera matrimoniale 까메라 마뜨리모니알레	− 더블룸
cameriera 까메리에라	(여) 웨이트리스
cameriere 까메리에레	(남) 웨이터
camicetta 까메쳇따	(여) 블라우스(blouse)
camicia 까미챠	(여) 셔츠, 와이셔츠
caminetto 까미네또	(남) 벽난로
camino 까미노	(남) 굴뚝
camion 까미온	(남) 트럭
camioncino 까미온치노	(남) 소형 트럭
cammello 까멜로	(남) 낙타

camminare 깜미나레	(자동) 걷다
campagna 깜빠냐	(여) 야외(전원), 시골
campana 깜빠나	(여) 종(鐘)
campanello 깜빠넬로	(남) 초인종
campanile 깜빠닐레	(남) 종탑
campeggio 깜뻿죠	(남) 캠프장, 야영장
- fare campeggio 파레 캄뻬죠	- 야영을 하다
campionato 깜삐오나또	(남) 챔피업십
campione 깜삐오네	(남) 챔피언, 샘플
campionessa 깜삐오넷사	(여) 여자 챔피언
campo 깜뽀	(남) 운동장
- campo da sci 깜뽀 다 쉬	- 스키장
Canada 까나다	(여) 캐나다
canadese 까나데제	(남,여) 캐나다 사람

canale 까날레	(남) 운하, 방송 채널
canapa 까나빠	(여) 삼(대마)
cancellare 깐첼라레	(타동) 삭제하다
cancro 깡크로	(남) 암
candela 깐델라	(여) 초, 양초, 점화 플러그
candeliere 깐델리에레	(남) 촛대
cane 까네	(남) 개(동물)
canna 깐나	(여) 갈대
- canna da pesca 깐나 다 뻬스까	– 낚시대
cannella 깐넬라	(여) 계피
cannocchiale 까노끼알레	(남) 망원경
cannuccia 깐누챠	(여) 빨대
cantante 깐딴떼	(남), (여) 가수
cantare 깐따레	(자동) 노래를 부르다. (타동) 노래로 ~을/를 표현하다

canto 깐또	(남) 노래
- canto tradizionale 깐또 뜨라디찌오날레	– 민요
canzone 깐쪼네	(여) 노래
capacità 까빠치따	(여) 능력
capasanta 까빠산따	(여) 가리비(조개류)
capello 까뻴로	(남) 머리카락
- capelli corti 까뻴리 꼬르띠	– 짧은 머리
- capelli grigi 까뻴리 그리지	– 백발
capire 까삐레	(타동) 이해하다
capitale 까삐딸레	(남) 자본, 원금 (여) 나라의 수도
capitano 까삐따노	(남) 선장, 주장(팀)
capoclasse 까뽀끌라세	(남) 반장
capocuoco 까뽀꾸오꼬	(남) 주방장
Capodanno 까뽀단노	(남) 새해

capofamiglia 까뽀파밀리아	(남,여) 가장
capolavoro 까뽈라보로	(남) 걸작
capolinea 까뽈리네아	(남) 종점
- capolinea dell'autobus 까뽈리네아 델라우또부스	- 버스 종점
capostazione 까뽀스따찌오네	(남) 역장
cappello 까뺄로	(남) 모자
cappotto 까뽀또	(남) 코트(coat)
cappuccino 까뿌치노	(남) 카푸치노
capra 까쁘라	(여) 염소
caramella 까라멜라	(여) 사탕, 캐러멜, 캔디
carato 까라또	(남) 캐럿
carattere 까라떼레	(여) 개성
caratteristico 까라떼리스띠꼬	(형) 독특한
carburante 까르부란떼	(남) 연료

carburatore 까르부라또레	(남) 카뷰레이터(자동차)
cardiopatia 까르디오파띠아	(여) 심장병
caricare 까리까레	(타동) 싣다, 충전하다
- caricare la batteria 까리까레 라 바떼리아	- 배터리를 충전하다
carico 까리꼬	(남) 화물, 짐
carino 까리노	(형) 귀여운
carità 까리따	(여) 자비심
carne 까르네	(여) 고기, 살, 육체
- carne di agnello 까르네 디 아녤로	- 양고기
- carne di maiale 까르네 디 마이알레	- 돼지고기
- carne di manzo 까르네 디 만조	- 소고기
- carne di vitello 까르네 디 비뗄로	- 송아지 고기
- carne grigliata 까르네 그릴리아따	- 구운 고기
- carne tritata 까르네 뜨리따따	- 저민 고기

caro 까로	(형) 친애하는, 값이 비싼
carota 까로따	(여) 당근
carrello 까렐로	(남) 카트(cart)
- carrello per la spesa 까렐로 뻬르 라 스뻬자	- 쇼핑카트
carretto 까렛또	(남) 손수레
carriera 까리에라	(여) 경력
carro 까로	(남) 짐수레
- carro armato 까로 아르마또	- 탱크(군사)
- carro merci 까로 메르치	- 화물차
carrozza 까롯짜	(여) 마차
carta 까르따	(여) 종이, 카드
- carta colorata 까르따 꼴로라따	- 색종이
- carta da cucina 까르따 다 꾸치나	- 키친타월
- carta di credito 까르따 디 끄레디또	- 신용 카드

- carta d'identità
  까르따 디덴띠따

  – 신분증

- carta d'imbarco
  까르따 딤바르꼬

  – 탑승권

- carta igienica
  까르따 이제니까

  – 화장지

- carta stagnola
  까르따 스따뇰라

  – 알루미늄호일

cartella
까르뗄라

(여) 서류가방

cartellino
까르뗄리노

(남) 작은 카드

- cartellino giallo
  까르뗄리노 좔로

  – 옐로우카드

- cartellino rosso
  까르뗄리노 롯소

  – 레드카드

cartina
까르띠나

(여) 지도

cartoleria
까르똘레리아

(여) 문구점

cartolina
까르똘리나

(여) 엽서

cartolina illustrata
까르똘리나 일루스뜨라따

(여) 그림 엽서

cartone animato
까르또네 아니마또

만화 영화

casa
까자

(여) 집, 주택

casalinga 까살링가	(여) 주부
cascata 까스까따	(여) 폭포
casco 까스꼬	(남) 헬멧
casino 까지노	(남) 혼란, 문제
casinò 까지노	(남) 카지노, 도박장
caso 까조	(남) 경우
- per caso 뻬르 까조	- 우연히
cassa 깟사	(여) 계산대
cassaforte 까사포르떼	(여) 금고
cassetta 까셋따	(여) 서랍, 카세트
cassiera 까시에라	(여) 출납계(원)
cassiere 까시에레	(남) 출납계(원)
castagna 까스따냐	(여) 밤(과일)
castano 까스따노	(형) 밤색의, 부라운색의

castello 까스뗄로	(남) 성(城)
catalogo 까딸로고	(남) 카탈로그
categoria 까떼고리아	(여) 카테고리
catena 까떼나	(여) 체인
- catena montuosa 까떼나 몬뚜오자	– 산맥
cattivo 까띠보	(형) 나쁜, 사악한. (남) 나쁜 남자
- cattivo umore 까띠보 우모레	– 나쁜 기분
causa 까우자	(여) 원인, 이유
cavalcavia 까발까비아	(남) 육교
cavalletto 까발렛또	(남) 이젤(그림용), 삼각대
cavallo 까발로	(남) 말(동물)
cavatappi 까바따삐	(남) 병따개, 오프너
caviale 까비알레	(남) 캐비아
caviglia 까빌리아	(여) 발목

cavo 까보	(남) 선, 와이어
- cavo di accoppiamento 까보 디 아꼬삐아멘또	- 점퍼 케이블(jumper cable)
cavolo 까볼로	(남) 배추, 캐비지
- cavolo bianco 까볼로 비앙꼬	- 양배추
cece 체체	(남) 병아리 콩
cedere 체데레	(자동) 무너지다 (타동) 판매하다
cellulare 첼룰라레	(남) 휴대폰
cena 체나	- (여) 저녁 식사
- fare cena 파레 체나	- 저녁 식사를 하다
- cena formale 체나 포르말레	- 정찬
cenare 체나레	(자동) 저녁식사를 하다
centesimo 첸떼지모	(형) 100번째 (남) 센트
cento 첸또	(남) 일백(100). (형) 일백의
- cento dollari 첸또 돌라리	- 백 달러

- **cento euro** — 백 유로
  첸또 에우로

centomila (남) 십만. (형) 십만의
첸또밀라

centro (남) 시내, 중심
첸뜨로

- **al centro** — 가운데에
  알 첸뜨로

- **centro commerciale** — 쇼핑센터
  첸뜨로 꼼메르치알레

- **Centro medico nazionale** — 국립 의료원
  첸뜨로 메디꼬 나찌오날레

centrodesta (남) 중도우파
첸뜨로데스뜨라

centrosinistra (남) 중도좌파
첸뜨로시니스뜨라

ceramica (여) 도자기
체라미까

cercare (타동) 구하다, 찾다
체르까레

cerchio (남) 원(圓)
체르끼오

cerimonia (여) 의식, 기념 행사
체리모니아

- **cerimonia matrimoniale** 결혼, 결혼식
  체리모냐 마뜨리모니알레

cerino (남) 성냥
체리노

cerotto 체롯또	(남) 반창고
certificato 체르띠피까또	(남) 증명서
- certificato di nascita 체르띠피까또 디 나쉬따	- 출생증명서
- certificato di vaccinazione 체르띠피까또 델라 바치나찌오네	- 예방 접종 증명서
certo 체르또	(형) 확실한, 몇몇의. (부) 물론
cervello 체르벨로	(남) 뇌
cervo 체르보	(남) 사슴
cessare 쳇사레	(타동) 중단하다. (자동) 그치다
cestino 체스띠노	(남) 바구니, 휴지통
cetriolo 체뜨리올로	(남) 오이
che cosa 께 꼬자	(대) 무엇, 무슨
chi 끼	(대) 누구. 어떤 사람. ~하는 사람.
- Chi è? 끼 에?	- 누구세요?
- Chi parla? 끼 빠를라?	- 누구세요?(전화상)

chiacchiera 끼아끼에라	(여) 잡담
chiacchierare 끼아끼에라레	(자동) 잡담하다
chiamare 끼아마레	(타동) 부르다
- chiamare un taxi 끼아마레 운 땃시	– 택시를 부르다
chiamata 끼아마따	(여) 호출
chiarire 끼아리레	(타) 명확히 하다
chiaro 끼아로	(형) 맑은, 확실한, 명확한
chiave 끼아베	(여) 열쇠, 렌치(wrench 공구)
chiedere 끼에데레	(타동) 질문을 하다, 요구하다
- chiedere il permesso 끼에데레 일 뻬르멧소	– 허락을 구하다
- chiedere un consulto 끼에데레 운 꼰술또	– 진찰을 요구하다
- chiedere un favore 끼에데레 운 파보레	– 부탁하다
chiesa 끼에자	(여) 교회, 성당
chilo 낄로	(남) 킬로

chilogrammo 낄로그람모	(남) 킬로그램
chimica 끼미까	(여) 화학
chimico 끼미꼬	(남) 화학자
chiodino 끼오디노	(남) 압핀
chiodo 끼오도	(남) 못
chirurgia 끼루르좌	(여) 외과
- chirurgia plastica 끼루르좌 쁠라스띠까	- 성형 수술
chirurgo 끼루르고	(남) 외과 의사
chitarra 끼따라	(여) 기타(악기)
chiudere 끼우데레	(타동) 닫다
- chiudere gli occhi 끼우데레 리 오끼	- 눈을 감다
- chiudere la porta a chiave 끼우데레 라 뽀르따 아 끼아베	- 문을 잠그다
- chiudere la porta 끼우데레 라 뽀르따	- 문을 닫다
chiunque 끼웅꿰	(대) 누구든지

chiuso 끼우조	(형) 휴관한, 닫은
chiusura 끼우주라	(여) 잠금장치
- chiusura lampo 끼우주라 람뽀	- 지퍼(zipper)
ciambella 챰벨라	(여) 도넛
Ciao! 챠오!	안녕!
cibo 치보	(남) 음식
cicca 치까	(여) 담배 꽁초
ciclismo 치끌리즈모	(남) 사이클
cieco 치에꼬	(남) 맹인
cielo 치엘로	(남) 하늘
- cielo azzurro 치엘로 아쭈로	- 푸른 하늘
Cile 칠레	(여) 칠레
cilena 칠레나	(여) 칠레 사람(여자)
cileno 칠레노	(남) 칠레 사람(남자)

ciliegia 칠리에좌	(여) 체리, 앵두
ciliegio 칠리에죠	(남) 벚나무, 체리나무
cima 치마	(여) 정상, 꼭대기
Cina 치나	(여) 중국
cinema 치네마	(남) 극장
cinese 치네제	(남) 중국어, 중국 남자. (여) 중국 여자
- **la lingua cinese** 라 링구아 치네제	- 중국어
cinghiale 칭기알레	(남) 멧돼지
cinquanta 칭꽌따	(형) 오십의, (남) (50)
cinque 칭꿰	(형) 다섯의, (남) 다섯
cinquecento 칭꿰첸또	(남) 오백(500), (형) 오백의
cintura 친뚜라	(여) 허리띠, 벨트
- **cintura di sicurezza** 친뚜라 디 시꾸레짜	- 안전벨트
ciò 쵸	(대) 이것

cioccolata 쵸꼴라따	(여) 초콜릿, 핫 초코
cioccolato 쵸꼴라또	(남) 초콜릿
ciotola 쵸똘라	(여) 그릇, 밥공기
- ciotola da minestra 쵸똘라 다 미네스뜨라	- 수프 그릇
cipolla 치뽈라	(여) 양파
cipollino 치뽈리노	(남) 파(야채)
cipria 치쁘리아	(여) 분(화장품)
circa 치르까	(전) ~에 대해서. (부) 대략
circo 치르꼬	(남) 서커스
circolare 치르꼴라레	(자동) 돌아다니다
circolo 치르꼴로	(남) 클럽
circostanza 치르꼬스딴짜	(여) 형편
cistifellea 치스띠펠레아	(여) 쓸개
citare 치따레	(타동) 인용하다

citazione 치따찌오네	(여) 인용
città 칫따	(여) 도시
cittadino 치따디노	(남) 시민
civiltà 치빌따	(여) 문명
clacson 끌락송	(남) 혼(horn)
classe 끌라쎄	(여) 계층, 학년
- classe economica 끌라세 에꼬노미까	- 이코노미 클래스
classico 끌라시꼬	(형) 고전의
cliccare 끌리까레	(자동) 클릭하다
cliente 끌리엔떼	(남) 단골, 손님
clima 끌리마	(남) 기후
climatizzatore 끌리마띠자또레	(남) 에어컨
club 끌럽	(남) 클럽
cocco 꼬꼬	(남) 코코넛

coccodrillo 꼬꼬드릴로	(남) 악어
cocomero 꼬꼬메로	(남) 수박
coda 꼬다	(여) 꼬리
codice 꼬디체	(남) 코드
- codice a barre 꼬디체 아 바레	- 바코드
- codice postale 꼬디체 뽀스딸레	- 우편 번호
cogliere 꼴리에레	(타동) 따다, 쥐다
cognata 꼬냐따	(여) 여자 조카, 형수
cognato 꼬냐또	(남) 남자 조카, 형부
cognome 꼬뇨메	(남) 성(姓)
coincidere 꼬인치데레	(자동) 일치하다
colazione 꼴라찌오네	(여) 아침 식사
- fare colazione 파레 꼴라찌오네	- 아침 식사를 하다
colla 꼴라	(여) 풀(사무용품)

collaborazione 꼴라보라찌오네	(여) 협동, 협력
collana 꼴라나	(여) 목걸이
collega 꼴레가	(남,여) 동료, 친구
collegamento 꼴레가멘또	(남) 연결
collegare 꼴레가레	(타동) 연결하다
collegio 꼴레죠	(남) 기숙학교
collera 꼴레라	(남) 콜레라
colletto 꼴레또	(남) 깃, 칼라(collar)
collezione 꼴레찌오네	(여) 컬렉션
collina 꼴리나	(여) 구릉
collo 꼴로	(남) 목
collocazione 꼴로까찌오네	(여) 연어(언어)
colloquio 꼴로뀌오	(남) 인터뷰, 대담
Colombia 꼴롬비아	(여) 콜롬비아

colombiana 꼴롬비아나	(여) 콜롬비아 여자
colombiano 꼴롬비아노	(남) 콜롬비아 남자
colonnello 꼴로넬로	(남) 대령
colorante 꼴로란떼	(남) 색소
- colorante artificiale 꼴로란떼 아르띠피치알레	- 인공 색소
colore 꼴로레	(남) 색깔, 컬러
- colore bianco 꼴로레 비앙꼬	- 흰색
colpa 꼴빠	(여) 잘못, 죄
colpire 꼴삐레	(타동) 때리다
colpo 꼴뽀	(남) 타격, 강타
coltello 꼴뗄로	(남) 칼, 나이프
coltivare 꼴띠바레	(타동) 경작하다, 재배하다
coltivatore 꼴띠바또레	(남) 경작자
coltivazione 꼴띠바지오네	(여) 경작

comandare 꼬만다레	(타동) 명령하다
combattere 꼼밧테레	(자동) 싸우다. (타동) 전투에서 ~을/를 상대하다
come 꼬메	(부) 어떻게. (접) ~처럼
comico 꼬미꼬	(형) 재미있는, 우스운
cominciare 꼬민챠레	(타동) 시작하다. (자동) 시작되다
- **cominciare il lavoro** 꼬민챠레 일 라보로	- 일을 시작하다
commedia 꼬메디아	(여) 희극
commemorare 꼬메모라레	(타동) 기념하다
commerciante 꼬메르치안떼	(남) 판매상
commerciare 꼬메르치아레	(타동) 교역하다
commercio 꼬메르쵸	(남) 교역
- **commercio al minuto** 일 꼼메르쵸 알 미누또	- 소매(상업)
commessa 꼬멧사	(여) 여자 점원
commesso 꼬멧소	(남) 남자 점원

commozione 꼼모지오네	(여) 감동
comodamente 꼬모다멘떼	(부) 편안하게
comodo 꼬모도	(형) 편리한
compagnia 꼼빠니아	(여) 회사
- compagnia aerea 꼼빠니아 아에레아	- 항공사
compagno 꼼빠뇨	(남) 동료
comparazione 꼼빠라찌오네	(여) 비교
compensare 꼼뻰사레	(타동) 보답하다
compenso 꼼뻰소	(남) 보답, 보상
- in compenso 인 꼼뻰소	- 보상으로
competere 꼼뻬떼레	(타동) 경쟁하다
competitore 꼼뻬띠또레	(남) 경쟁자
competizione 꼼뻬띠찌오네	(여) 경쟁
compilare 꼼삘라레	(타동) 작성하다

compito 꼼삐또	(남) 숙제
compleanno 꼼쁠레안노	(남) 생일
complemento 꼼쁠레멘또	(남) 보어
- complemento oggetto diretto 꼼쁠레멘또 오젯또 디렛또	– 직접목적보어
- complemento oggetto indiretto 꼼플레멘또 오젯또 인디렛또	– 간접목적보어
completare 꼼쁠레따레	(타동) 완성하다
completo 꼼쁠레또	(형) 완전한
complicato 꼼쁠리까또	(형) 복잡한
complimento 꼼쁠리멘또	(남) 축하
comporre 꼼뽀레	(타동) 구성하다, 합성하다
comportamento 꼼뽀르따멘또	(남) 태도
composizione 꼼뽀지찌오네	(여) 작문
comprare 꼼쁘라레	(타동) 구입하다, 매입하다
- comprare il biglietto 꼼쁘라레 일 빌리엣또	– 표를 사다

compreso 꼼쁘레조	(형) 포함하는
computer 꼼뿌떼르	(남) 컴퓨터
- computer portatile 꼼뿌떼르 뽀르따띨레	- 노트북 컴퓨터
comunicare 꼬무니까레	(타동) 전달하다. (자동) 정보를 교환하다
comunicazione 꼬무니까찌오네	(여) 전달, 커뮤니케이션
comunque 꼬뭉꿰	(접) 그렇지만. (부) 어쨌든
concentrare 꼰첸뜨라레	(타동) 집중하다
concentrazione 꼰첸뜨라찌오네	(여) 집중
concerto 꼰체르또	(남) 콘서트
concessionario 꼰체시오나리오	(남) 대리점
concetto 꼰쳇또	(남) 개념
conchiglia 꼰낄랴	(여) 조개
conclusione 꼰끌루지오네	(여) 결론
concorrente 꼰꼬렌떼	(남,여) 경쟁자

concorso 꼰꼬르소	(남) 경연대회, 시험
condimento 꼰디멘또	(남) 조미료, 양념
- condimento chimico 꼰디멘또 끼미꼬	- 인공 조미료
condire 꼰디레	양념하다
condividere 꼰디비데레	(타동) 공유하다
condizione 꼰디찌오네	(여) 조건, 상황
- condizione di pagamento 꼰디찌오네 디 빠가멘또	- 지불조건
condominio 꼰도미니오	(남) 관리비(아파트)
conducente 꼰두첸떼	(남) 운전수
conferenza 꼰페렌자	(여) 회의, 회담
- conferenza stampa 꼰페렌자 스땀빠	- 기자회견
conferma 꼰페르마	(여) 확인
confermare 꼰페르마레	(타동) 확인하다
confessare 꼰페사레	(타동) 고백하다

confessione 꼰페시오네	(여) 고백
confezione 꼰페찌오네	(여) 묶음
confidenziale 꼰피덴지알레	(형) 격의 없는
confine 꼰피네	(남) 국경, 경계
confondere 꼰폰데레	(타동) 혼동하다
confrontare 꼰프론따레	(타동) 비교하다
confucianesimo 꼰푸치아네지모	(남) 유교
confusione 꼰푸지오네	(여) 혼란
congelatore 꼰젤라또레	(남) 냉동기
congiunzione 꼰쥰찌오네	(여) 접속사(문법)
coniglio 꼬닐료	(남) 토끼
connettere 꼰네떼레	(타동) 연결하다
conoscenza 꼬노쉔짜	(여) 지식
conoscere 꼬노쉐레	(타동) 사람을 알다. 직접적인 경험을 하다

conquistare 꼰뀌스따레	(타동) 정복하다
consegna 꼰세냐	(여) 납품, 배달
conseguenza 꼰세구엔짜	(여) 후유증
conservare 꼰세르바레	(타동) 보관하다
conservatore 꼰세르바또레	(남) 보수주의자
considerare 꼰시데라레	(타동) 고려하다
consigliare 꼰실랴레	(타동) 충고하다
consiglio 꼰실료	(남) 충고
consolare 꼰솔라레	(타동) 위로하다
consolato 꼰솔라또	(남) 영사관
consonante 꼰소난떼	(남) 자음
consultazione 꼰술따찌오네	(여) 상담
consumare 꼰수마레	(타동) 소비하다
consumatore 꼰수마또레	(남) 소비자

consumo 꼰수모	(남) 소비
contabilità 꼰따빌리따	(여) 회계
contadino 꼰따디노	(남) 농부, 농민
contagioso 꼰따죠소	(형) 오염된
contante 꼰딴떼	(남) 현금
contare 꼰따레	(타동) 계산을 하다
contattare 꼰따따레	(타동) 접촉하다
contatto 꼰땃또	(남) 연락, 접촉
contemporaneamente 꼰뗌뽀라네아멘떼	(부) 동시에
contemporaneità 꼰뗌뽀라네이따	(여) 동시성
contenitore 꼰떼니또레	(남) 통, 저장통
contento 꼰뗀또	(형) 기쁜, 만족스런
contenuto 꼰떼누또	(남) 내용
- contenuto di zucchero 　꼰떼누또 디 쭈께로	- 당도, 당분 함량

continente 꼰띠넨떼	(남) 대륙
continuare 꼰띠누아레	(타동) 지속하다 (자동) 지속되다
continuità 꼰띠누이따	(여) 계속, 지속
conto 꼰또	(남) 계산서, 송장(送狀), 발송장
- conto corrente 꼰또 꼬렌떼	- 은행 계좌, 은행 구좌
contorno 꼰또르노	(남) 야채, 반찬
contrabbandare 꼰뜨라반다레	(타동) 밀수하다
contrabbando 꼰뜨라반도	(남) 밀수
contraccettivo 꼰뜨라체띠보	(남) 피임약
contrariamente 꼰뜨라리아멘떼	(부) 반대로
contrario 꼰뜨라리오	(형) 반대의
contratto 꼰뜨랏또	(남) 계약, 계약서
- contratto di lavoro 꼰뜨랏또 디 라보로	- 고용계약
- fare il contratto 파레 일 꼰뜨랏또	- 계약을 하다

controfiletto 꼰뜨로필렛또	(남) 꽃등심
controllare 꼰뜨롤라레	(타동) 조절하다
controllo 꼰뜨롤로	(남) 검사, 조절
- controllo di sicurezza 꼰트롤로 디 시꾸레짜	- 안전 검사
- controllo doganale 꼰뜨롤로 도가날레	- 세관 검사
controllore 꼰뜨롤로레	(남) 검표원(기차)
conveniente 꼰베니엔떼	(형) 가격이 좋은
convento 꼰벤또	(남) 수도원
conversare 꼰베르사레	(자동) 대화를 나누다
conversazione 꼰베르사찌오네	(여) 회화
convincersi 꼰빈체르시	(재귀동사) 확신하다
convinzione 꼰빈찌오네	(여) 확신
cooperazione 꼬오뻬라찌오네	(여) 협력, 조합
coperta 꼬뻬르따	(여) 모포, 담요, 덮개

copertina 꼬뻬르띠나	(여) 겉표지
copia 꼬삐아	(여) 복사본
copiare 꼬삐아레	(타동) 복사하다
copilota 꼬삘로따	(남) 부조종사
coppia 꼬삐아	(여) 쌍, 커플
coprire 꼬쁘리레	(타동) 덮다
coraggio 꼬랏죠	(남) 용기
coraggioso 꼬라죠조	(형) 용감한
corda 꼬르다	(여) 끈, 줄, 로프(rope)
cordialmente 꼬르디알멘떼	(부) 정중히, 진심으로
Corea del Nord 꼬레아 델 노르드	(여) 북한
Corea del Sud 꼬레아 델 수드	(여) 남한, 한국
coreana 꼬레아나	(여) 한국 여자
- la lingua coreana 라 링구아 꼬레아나	- 한국어

coreano 꼬레아노	(남) 한국 남자, 한국어
cornetto 꼬르넷또	(남) 크로아상(빵)
cornice 꼬르니체	(여) 액자
coro 꼬로	(남) 합창
corpo 꼬르뽀	(남) 바디(와인), 몸통(신체)
- corpo di guardia 꼬르뽀 디 과르디아	- 경호원, 보디가드
correggere 꼬레제레	(타동) 고치다, 수정하다
corrente 꼬렌떼	(여) 전기, 물살
correre 꼬레레	(자동) 달리다, 뛰다. (타동) ~을/를 감수하다
correzione 꼬렛찌오네	(여) 수정(修正)
corridoio 꼬리도요	(남) 복도
corrispendenza 꼬리스뽄덴짜	(여) 일치
corrispondente 꼬리스뽄덴떼	(남.여) 특파원
corrispondere 꼬리스뽄데레	(자) 일치하다, 동등하다

- corrispondere a 꼬리스뽄데레 아	- ~과 일치하다
corsa 꼬르사	(여) 경주
corso 꼬르소	(남) 과정, 코스, 넓은 길
- Corso di dottorato di ricerca 꼬르소 디 도또라도 디 리체르까	- 박사과정
- corso elementare 꼬르소 엘레멘따레	- 기초 코스
- corso medio 꼬르소 메디오	- 중급 코스
- corso superiore 꼬르소 수뻬리오레	- 고급 코스
cortese 꼬르떼제	(형) 정중한
corto 꼬르또	(형) 짧은
corvo 꼬르보	(남) 까마귀
cosa 꼬자	(여) 물건
coscia 꼬샤	(여) 허벅지
così 꼬지	(부) 그렇게. (접) 그 결과로
cosmetico 꼬스메띠꼬	(남) 화장품

costa 꼬스따	(여) 해안, 해변
costare 꼬스따레	(타동) 비용이 들다
Costituzione 꼬스띠뚜지오네	(여) 헌법
costo 꼬스또	(남) 비용
- costo del servizio 꼬스또 델 세르비찌오	- 봉사료
- costo della vita 꼬스또 델라 비따	- 생활비
- costo di lavoro 꼬스또 디 라보로	- 노동비
costruire ` 꼬스뜨루이레	(타동) 건설하다
costruzione 꼬스뜨루찌오네	(여) 건설
costume 꼬스뚜메	(남) 관습, 의류
- costume da bagno 꼬스뚜메 다 바뇨	- 수영복
cotoletta 꼬똘렛따	(여) 커트릿(cutlet)
cotone 꼬또네	(남) 면(cotton)
cotto 꼿또	(형) 익은, 요리된

- **cotto a vapore**
  꼿또 아 바뽀레
  – 증기로 찐

- **ben cotto**
  벤 꼿또
  – 잘 익은(well done)

- **cotto medio**
  꼿또 메디오
  – 중간쯤 익은(medium)

cottura
꼬뚜라
(여) 요리

cozza
꼿짜
(여) 홍합

crampo
끄람뽀
(남) 쥐(근육경련)

cravatta
끄라밧따
(여) 넥타이

creare
끄레아레
(타동) 창조하다

credenza
끄레덴짜
(여) 찬장

credere
끄레데레
(타동) 믿다

credito
끄레디또
(남) 신용

crema
끄레마
(여) 크림

- **crema solare**
  끄레마 솔라레
  – 선크림

crescere
끄레쉐레
(자동) 성장하다

crimine 끄리미네	(남) 범죄
crisantemo 크리산떼모	(남) 국화(꽃)
crisi 끄리지	(여) 위기
cristallo 끄리스딸로	(남) 수정(水晶)
criticare 끄리띠까레	(타동) 비판하다
croce 끄로체	(여) 십자가
crocevia 끄로세비아	(여) 사거리
crociera 끄로췌라	(여) 크루즈(cruise)
cronaca 끄로나까	(여) 뉴스
crudele 끄루델레	(형) 잔인한
crudo 끄루도	(형) 날것의, 익히지 않은
Cuba 꾸바	(여) 쿠바
cubano 꾸바노	(남) 쿠바 남자
cubana 꾸바나	(여) 쿠바 여자

cucchiaino 꾸끼아이노	(남) 티스푼
cucchiaio 꾸끼아이오	(남) 숟가락
cucciolo 꾸촐로	(남) 새끼(동물의)
cucina 꾸치나	(여) 부엌, 요리
- **cucina cinese** 꾸치나 치네제	- 중국 요리
- **cucina coreana** 꾸치나 꼬레아나	- 한국 요리
- **cucina giapponese** 꾸치나 쟈뽀네제	- 일본 요리
- **cucina italiana** 꾸치나 이딸리아나	- 이탈리아 요리
- **cucina spagnola** 꾸치나 스빠뇰라	- 스페인 요리
- **cucina tradizionale** 꾸치나 뜨라디찌오날레	- 전통 요리
cucinare 꾸치나레	(타동) 음식을 요리하다. (자동) 요리를 하다
cucire 꾸치레	(타동) ~을/를 실로 연결하다. (자동) 바느질하다
cuffie 꾸피에	(여.복) 헤드폰, 샤워캡
cugino 꾸지노	(남) 남자 사촌

cultura 꿀뚜라	(여) 문화
cuoca 꾸오까	(여) 여자 요리사
cuoco 꾸오꼬	(남) 남자 요리사
cuoio 꾸오요	(남) 가죽
cuore 꾸오레	(남) 마음, 심장
cura 꾸라	(여) 치료, 보살핌, 몸조심
curare 꾸라레	(자동) 치료되다. (타동) 돌보다.
curarsi 꾸라르씨	(재귀동사) 몸조심하다
curioso 꾸리오조	(형) 호기심이 있는
curriculum vitae 꾸리꿀룸 비떼	이력서
cursore 꾸르소레	(남) 커서(컴퓨터)
curvarsi 꾸르바르시	(재귀동사) 구부러지다
cuscino 꾸쉬노	(남) 베개
- cuscino da sedia 꾸쉬노 다 세디아	- 방석

d

dado — (남) 주사위, 너트(nut)
다도

dama — (여) 귀부인
다마

danese — (남,여) 덴마크 사람
다네제

Danimarca — (여) 덴마크
다니마르까

danno — (남) 손해
단노

danza — (여) 춤, 댄스
단짜

dappertutto — (부) 모든 곳에
다뻬르뚯또

dare — (타동) 주다
다레

- **dare il benvenuto** – 환영하다
  다레 일 벤베누또

- **dare la mano** – 악수하다
  다레 라 마노

- **dare la sveglia telefonica** – 모닝콜하다
  다레 라 즈벨리아 뗄레포니까

- **dare una mano** – 도와주다
  다레 우나 마노

data 다따	(여) 날짜
- data di nascita 다따 디 나쉬따	- 생년월일
datore di lavoro 다또레 디 라보로	고용주
davanti 다반띠	(부) (형) 앞에. (남) 앞
debito 데비또	(남) 빚
debole 데볼레	(형) 약한
decano 데까노	(남) 학장
decidere 데치데레	(자동) 결심하다, 결정하다
decisione 데치지오네	(여) 결심, 결정
declinare 데끌리나레	(타동) 거절하다
decollare 데꼴라레	(자동) 이륙하다
decollo 데꼴로	(남) 이륙
decorare 데꼬라레	(타동) 장식하다
decorazione 데꼬라찌오네	(여) 장식, 훈장

dedicarsi 데디까르시	(재귀동사) 헌신하다
definitivo 데피니띠보	(형) 최종적인
defunto 데푼또	(남) 고인
delicato 델리까또	(형) 섬세한
delitto 델리또	(남) 범죄
deludente 델루덴떼	(형) 낙담한
delusione 델루지오네	(여) 낙담, 실망
democrazia 데모끄라찌아	(여) 민주주의
denaro 데나로	(남) 돈(錢)
dente 덴떼	(남) 이(치아)
- dente del giudizio 덴떼 델 쥬디찌오	- 사랑니
dentifricio 덴띠프릿쵸	(남) 치약
dentista 덴띠스따	(남) 치과 의사
dentro 덴뜨로	(부) 안으로 (전) 안에, 내부에. (남) 내부

denuncia 데눈치아	(여) 신고, 고발
denunciare 데눈치아레	(타동) 고발하다, 신고하다
depliant 데쁠리앙	(남) 카탈로그
depositare 데뽀지따레	(타동) 맡기다
- depositare i soldi in banca 데뽀지따레 이 솔디 인 방까	- 예금하다
deposito bagagli 데뽀지또 바갈리	수하물 보관소
deposito 데뽀지또	(남) 창고, 담보, 보증금, 예금
depressione 데쁘레시오네	(여) 의기소침, 우울함
descrivere 데스끄리베레	(타동) 묘사하다
descrizione 데스끄리찌오네	(여) 묘사
deserto 데제르또	(남) 사막
desiderare 데지데라레	(타동) 바라다
desiderio 데지데리오	(남) 욕구, 의욕
design 디자인	(남) 디자인

designer 디자이너	(남,여) 디자이너
dessert 데세르뜨	(남) 디저트
destinatario 데스띠나따리오	(남) 수신인
destinazione 데스띠나찌오네	(여) 행선지, 목적지
destino 데스띠노	(남) 운명
destra 데스뜨라	(여) 오른쪽
detergente 데떼르젠떼	(형) 청소하는, 세척하는
detersivo 데떼르시보	(남) 세척제
dettagliatamente 데딸리아따멘떼	(부) 상세히
diabete 디아베떼	(남) 당뇨병
diabetico 디아베띠꼬	(남) 당뇨병 환자
diagnosi 디아뇨지	(여) 진단
dialetto 디알렛또	(남) 사투리, 방언(方言)
dialogo 디알로고	(남) 대화

diamante 디아만떼	(남) 다이아몬드
diapositiva 디아뽀지띠바	(여) 슬라이드
diarrea 디아레아	(여) 설사
diavolo 디아볼로	(남) 악마
dicembre 디쳄브레	(남) 십이월
dichiarare 디끼아라레	(타동) 신고하다
dichiarazione 디끼아라찌오네	(여) 신고
dieci 디에치	(남) 열(10). (형) 십의
dieta 디에따	(여) 다이어트
- fare la dieta 파레 라 디에따	- 다이어트를 하다
dietro 디에뜨로	(부) 뒤에. (전) 뒤에, 후에. (형) 뒤의. (명) 뒷편
difendere 디펜데레	(타동) 방어하다
difensore 디펜소레	(남) 수비수
difesa 디페자	(여) 방어

difetto 디펫또	(남) 결점
differenza 디페렌짜	(여) 차이
- differenza di fuso orario 디페렌짜 디 푸조 오라리오	− 시차
difficile 디피칠레	(형) 어려운
difficoltà 디피꼴따	(여) 곤란, 어려움
difficoltoso 니피꼴또조	(형) 곤란한, 힘든
digerire 디제리레	(타) 소화를 시키다
digestione 디제스띠오네	(여) 소화
digitale 디지딸레	(형) 디지털의
digiunare 디쥬나레	(자동) 단식하다
digiuno 디쥬노	(남) 단식
dilettante 딜레딴테	(남) 아마추어
diligente 딜리젠떼	(형) 근면한
diligentemente 딜리젠떼멘떼	(부) 열심히

dimagrire 디마그리레	(자동) 몸이 마르다, 몸무게가 줄다
dimensione 디멘시오네	(여) 크기, 사이즈
- dimensione media 디멘시오네 메디아	- 중간 크기
dimenticare 디멘띠까레	(타동) 잊다
diminuire 디미누이레	(자동) 감소하다
dinosauro 디노사우로	(남) 공룡
dio 디오	(남) 신(종교)
Dio 디오	(남) 유일신. D자는 항상 대문자
dipartimento 디빠르띠멘또	(남) 부서, 학과
dipendente 디뻰덴떼	(남,여) 종업원
dipingere 디삔제레	(타동) ~을/를 그리다. (자동) 그림을 그리다
diploma 디쁠로마	(남) 졸업장, 고등학교 졸업장
diplomatico 디쁠로마띠꼬	(남) 외교관
dire 디레	(타동) 말하다

- **dire francamente** 디레 프랑까멘떼	- 솔직히 말하다
direttamente 디렛따멘떼	(부) 직접
diretto 디렛또	(형) 직접의
direttore 디레또레	(남) 매니져
direzione 디레찌오네	(여) 방향
dirigere 디리제레	(타동) 지휘를 하다
dirigersi 디리제르시	(재귀동사) 향하다
diritto 디릿또	(부) 똑바로. (형) 곧은. (남) 권리
- **diritto d'autore** 디릿또 다우또레	- 저작권
discendente 디쉔덴떼	(남) 자손(후손)
disceso 디쉐소	(형) 내려온
dischetto 디스껫또	(남) 디스켓, 플로피디스크
disco 디스꼬	(남) 음반, 레코드
- **disco esterno** 디스꼬 에스떼르노	- 외장 하드(컴퓨터)

- disco rigido 디스꼬 리지도	- 하드디스크
discorso 디스꼬르소	(남) 연설
discoteca 디스꼬떼까	(여) 디스코텍, 음반 도서관
discriminare 디스끄리미나레	(타동) 차별하다
discussione 디스꾸시오네	(여) 토론
discutere 디스꿋떼레	(자동) 토론하다. (타동) 테마를 발전시키다
disinfettante 디신페딴데	(남) 소독약
disoccupazione 디소꾸빠찌오네	(여) 실업
disperato 디스뻬라또	(형) 낙담한
dispiacere 디스삐아체레	(자) 유감스러워하다, 싫어하다
- Mi dispiace! 미 디스삐아체!	- 유감이다!
dispiaciuto 디스삐아츄또	(형) 섭섭한
disponibile 디스뽀니빌레	(형) 사용할 수 있는, 준비된
disputa 디스뿌따	(여) 말다툼

distanza 디스딴자	(여) 간격, 거리
distinguere 디스띵구에레	(타동) 구별하다
distretto 디스뜨렛또	(남) 구역, 지역
distributore 디스뜨리부또레	(남) 공급자, 공급 장치
- distributore automatico 디스뜨리부또레 아우또마띠꼬	- 자동 판매기
- distributore di benzina 디스뜨리부또레 디 벤지나	- 주유소
distruggere 디스뜨룻제레	(타동) 파괴하다
disturbare 디스뚜르바레	(타동) 방해하다
dito 디또	(남) 손가락
- dito del piede 디또 델 삐에데	- 발가락
ditta 딧따	(여) 회사
divano 디바노	(남) 소파
divenire 디베니레	(자동) 되다
diventare 디벤따레	(자동) 되다

diverso 디베르소	(형) 다양한, 어느 정도의
divertente 디베르뗀떼	(형) 재미있는, 즐거운
divertimento 디베르띠멘또	(남) 재미, 즐거움
dividere 디비데레	(타동) 나누다
divieto 디비에또	(형) 금지된
- Divieto di accesso 디비에또 디 아쳇소	- 진입금지
- Divieto di parcheggio 디비에또 디 빠르껫죠	- 주차금지
- Divieto di sorpasso 디비에또 디 소르빳소	- 추월금지
- Divieto di sosta 디비에또 디 소스따	- 정차금지
divorzio 디보르찌오	(남) 이혼
dizionario 디찌오나리오	(남) 사전
doccia 돗촤	(여) 샤워
- fare la doccia 파레 라 돗촤	- 샤워를 하다
documentario 도꾸멘따리오	(형) 다큐멘타리의. (남) 다큐멘타리

documento ufficiale 도꾸멘또 우피치알레	(남) 공문서
documento 도꾸멘또	(남) 문서, 서류
dogana 도가나	(여) 세관
doganiere 도가녜레	(여) 세관원
dolce 돌체	(형) 달콤한. (남) 돌체, 단과자
dolcificante 돌치피깐떼	(남) 감미료
dolciume 돌츄메	(남) 과자
dollaro 돌라로	(남) 달러($)
dolore 돌로레	(남) 통증, 고통
- dolore mestruale 돌로레 메스뜨루알레	– 생리통
doloroso 돌로로조	(형) 고통스런
domanda 도만다	(여) 질문, 신청, 신청서
domandare 도만다레	(타동) 질문하다. 신청하다. (자동) ~에 대해 안부를 묻다
domani 도마니	(부) (남) 내일

domenica (여) 일요일
도메니까

dominare (타동) 지배하다. (자동) 지배권을 지니다
도미나레

donare (타동) 기부하다
도나레

donazione (여) 기부
도나찌오네

donna (여) 여자
돈나

donnaiolo (남) 바람둥이 남자
돈나이올로

dopo (부) 나중에, 후에
도뽀

- dopo pasto − 식후
　도뽀 빠스또

dopodomani (부) 모레
도뽀도마니

doppio (형) 이중의
도삐오

- doppia palpebra − 쌍꺼풀
　도삐아 빨뻬브라

dormire (자동) 자다
도르미레

dormitorio (남) 기숙사
도르미또리오

dorso (남) 등(신체), 배영(수영)
도르소

- dorso del piede 도르소 델 삐에데	- 발등
dottore 도또레	(남) 의사, 박사
dove 도베	(부) 어디
dovere 도베레	(조동사) 해야만 한다. (타동) 빚을 지다 (남) 의무
dovunque 도붕꿰	(부) 어디든지
dozzina 도찌나	(여) 다스, 12개
drago 드라고	(남) 용(龍)
dramma 드람마	(남) 드라마
droga 드로가	(여) 마약
dubbio 둡비오	(남) 의심
dubitare 두비따레	(자동) 의심하다. (타동) ~을/를 의심하다
due 두에	(형) 둘의. (남) 둘
duomo 두오모	(남) 대성당
durare 두라레	(자동) 지속되다

duro
두로
(형) 단단한

duty free
듀티프리
면세

e 에	(접) 그리고
ebrea 에브레아	(여) 유태인 여자
ebreo 에브레오	(남) 유태인 남자 (형) 유태인의
eccedere 에체데에	(자동) 초과하다. (타동) 한계를 넘다
eccellente 에첼렌떼	(형) 뛰어난
eccesso 에쳇소	(남) 초과
- eccesso di velocità 에체쏘 디 벨로치따	- 과속
eccetto 에쳇또	(전) 제외하고
ecologico 에꼴로지꼬	(형) 친환경의
economia 에꼬노미아	(여) 경제 경제학
economista 에꼬노미스따	(남), (여) 경제학자
ecosistema 에꼬시스떼마	(남) 생태계

ecoturismo 에꼬뚜리즈모	(남) 생태 관광
edicola 에디꼴라	(여) 신문 판매소
edificio 에디피쵸	(남) 건물
editore 에디또레	(남) 출판사
editoria 에디또리아	(여) 출판
editrice 에디뜨리체	(여) 출판사
educare 에두까레	교육하다
educatore 에두까또레	(남) 교육자
effetto 에펫또	(남) 효과
- effetto collaterale 에페또 꼴라떼랄레	– 부작용
efficace 에피까체	(형) 유효한, 효과적인
egoismo 에고이즈모	(남) 이기주의
egoista 에고이스따	(남) 이기주의자
elastico 엘라스띠꼬	(남) 고무줄

elefante 엘레판떼	(남) 코끼리
elegante 엘레간떼	(형) 우아한
eleggere 엘렛제레	(타동) 선출하다
elementare 엘레멘따레	(형) 초급의
elenco 엘렌꼬	(남) 목록, 리스트
eletricità 엘레뜨리치따	(여) 전기
elettricista 엘레뜨리치스따	(남) 전기 기술자
elettrodomestico 엘레뜨로도메스띠꼬	(남) 가전제품
elezione 엘레찌오네	(여) 선거
elicottero 엘리꼬떼로	(남) 헬리콥터
eliminare 엘리미나레	(타동) 제거하다
e-mail 이메일	(남) 이메일
emergenza 에메르젠자	(여) 비상사태
emigrare 에미그라레	(자동) 이민가다.

emigrazione 에미그라찌오네	(여) 이민
emorragia 에모라지아	(여) 출혈
emozione 에모찌오네	(여) 감동
encefalite 엔체팔리떼	(여) 뇌염
enciclopedia 엔치끌로뻬디아	(여) 백과사전
enorme 에노르메	(형) 거대한
enoteca 에노떼까	(여) 와인바
entrambi 엔드람비	(대) 둘 다 모두
entrare 엔드라레	(자동) 들어가다(오다)
entrata 엔드라따	(여) 입구, 입국
entro 엔뜨로	(전) ~시간 내에
epatite 에빠띠떼	(여) 간염(의학)
epidemia 에삐데미아	(여) 전염병
Epifania 에삐파니아	(여) 공현축일

epoca 에뽀까	(여) 시기
equatore 에꽈또레	(남) 적도
equilibrato 에뀔리브라또	(형) 균형잡힌
equillibrio 에뀔리브리오	(남) 균형
equipaggio 에뀌빠쬬	(남) 승무원
equitazione 에뀌따찌오네	(여) 승마
eredità 에레디따	(여) 유산(재산)
ergastolo 에르가스똘로	(남) 종신형
eroe 에로에	(남) 영웅
errore 에로레	(남) 잘못, 실수
esagerare 에사제라레	(타동) 과장하다. (자동) 초과하다
esame 에자메	(남) 시험, 검사
- esame d'ammissione 에자메 담미시오네	– 입학 시험
esaminare 에자미나레	(자동) 검사하다

esatto 에샷또	(형) 정확한
esaurito 에사우리또	(형) 다 팔린, 매진된
esclusivamente 에스끌루시바멘떼	(부) 독점적으로
escrementi 에스끄레멘띠	(남.복) 대변(大便)
esempio 에젬뽀	(남) 보기, 실례, 예
esente 에센떼	(형) 자유로운, 의무가 없는
- esente da dazio doganale 에센떼 다 다찌오 도가날레	- 면세
esercito 에세르치또	(남) 군대, 국군
esercizio 에세르치찌오	(남) 연습
esistere 에지스떼레	(자동) 존재하다
esitare 에지따레	(자동) 주저하다
esperienza 에스뻬리엔자	(여) 경험, 경력
esperto 에스뻬르또	(남) 전문가
esplorare 에스쁠로라레	(타동) 탐험하다

esporre 에스뽀레	(타동) 전시하다, 보여주다
esportare 에스뽀르따레	(타동) 수출하다
esportatore 에스뽀르따또레	(남) 수출업자
esportazione 에스뽀르따찌오네	(여) 수출
espositore 에스뽀지또레	(남) 전시자
espressione 에스쁘레시오네	(여) 표현
esprimere 에스쁘리메레	(타동) 표현하다
espulsione 에스뿔시오네	(여) 퇴장(축구)
essenziale 에센지알레	(형) 필수적인
essere 엣세레	(자) ~이다, ~있다
- essere abile 엣세레 아빌레	- 능숙하다
- essere amici 엣세레 아미치	- 친하다
- essere bello 엣세레 벨로	- 곱다, 예쁘다
- essere buono 엣세레 부오노	- 좋다, 맛있다

- essere contaminato — 감염되다
  엣세레 꼰따미나또

- essere contento — 만족하다
  엣세레 꼰뗀또

- essere d'accordo — 동의하다
  엣세레 다꼬르도

- essere dimesso — 퇴원하다
  엣세레 디멧소

- essere gentile — 친절하다
  엣세레 젠띨레

- essere grande — 크다(사이즈)
  엣세레 그란데

- essere in anticipo — 일찍 도착하다
  엣세레 인 안띠치뽀

- essere in difficoltà — 쪼들리다
  엣세레 인 디피꼴따

- essere necessario — 필요하다
  엣세레 네체사리오

- essere perfetto — 완전하다
  엣세레 뻬르펫또

- essere pieno — 가득 차 있다
  에쎄레 삐에노

- essere poco — 적다(양이)
  엣세레 뽀꼬

- essere povero — 가난하다
  에쎄레 뽀베로

- essere simile — 닮다
  엣세레 씨밀레

est 에스뜨	(남) 동쪽
estate 에스따떼	(여) 여름
esterno 에스떼르노	(남) 밖, 외부 (형) 외부의
- esterno del Paese 에스떼르노 델 빠에제	– 국외
estero 에스떼로	(남) 외국
estranea 에스뜨라네아	(여) 여자 이방인
estraneo 에스뜨라네오	(남) 남자 이방인
estrarre 에스뜨라레	(타동) 빼다
età 에따	(여) 나이
eterno 에떼르노	(형) 영원한
etto 엣또	(남) 100 그램
Euro 에우로	(남) 유로(화폐)
Europa 에우로빠	(여) 유럽
- Europa orientale 에우로빠 오리엔딸레	– 동유럽

evadere
에바데레

(자동) 탈출하다

evaporare
에바뽀라레

(자동) 증발하다.
(타동) 증기로 변화하다

evento
에벤또

(남) 행사, 사건

evitare
에비따레

(타동) 피하다

extracomunitario
엑스뜨라꼬무니따리오

(남) EU 국가외 사람

f

fa caldo
파 깔도
덥다(날씨가)

fa freddo
파 프레도
춥다(날씨가)

fabbrica
파브리까
(여) 공장

fabbricante
파브리깐떼
(남), (여) 생산자

fabbricare
파브리까레
(타동) 제조하다

facchino
파끼노
(남) 짐꾼, 포터

faccia
파챠
(여) 얼굴, 정면

facile
파칠레
(형) 쉬운

facilmente
파칠멘떼
(부) 쉽게

facoltà
파꼴따
(여) 단과대학

- facoltà di medicina
파꼴따 디 메디치나
- 의과대학

fagiano
파쟈노
(남) 꿩

fagiolino 파죨리노	(남) 강낭콩
fagiolo 파죨로	(남) 콩
- fagiolo acerbo 파죠올로 아체르보	- 풋콩
- fagiolo azuki 파죨로 아주끼	- (남) 팥(곡식)
- fagiolo bianco 파죨로 비앙꼬	- 강낭콩
- fagiolo mungo 파죨로 뭉고	- 녹두
falegname 팔레냐메	(남) 목수
fallimento 팔리멘또	(남) 파산
fallire 팔리레	(자동) 망하다.
fallo a mano 팔로 아 마노	핸들링 반칙(축구)
fallo 팔로	(남) 반칙, 파울
falsificare 팔시피까레	(타동) 위조하다
falso 팔소	(남) 가짜 (형) 가짜의
fama 파마	(여) 명성, 유명세

fame 파메	(여) 배고픔, 허기
famiglia 파밀리아	(여) 가정(家庭), 가족
- famiglia di marito 파밀리아 디 마리또	- 시집(媤집)
famoso 파모조	(형) 유명한
fango 팡고	(남) 진흙
fare 파레	(타동) 만들다, 하다
farfalla 파르팔라	(여) 나비
farfallino(= papillon) 파르팔리노	(남) 나비 넥타이
farina 파리나	(여) 밀가루
farmacia 파르마치아	(여) 약국
farmacista 파르마치스따	(남) 약사(藥師)
faro 파로	(남) 헤드라이트(자동차), 등대
fascia 파쌰	(여) 밴드, 리본, 구역
- fascia per capelli 파쌰 뻬르 까뻴리	- 헤어밴드

fascino 파쉬노	(남) 매력
fase 파제	(여) 단계
fastidio 파스띠디오	(형) 귀찮은
fatale 파딸레	(형) 숙명적인
fatica 파띠까	(여) 노력
fatto 파또	(남) 사실 (형) 만들어진
fattoria 파또리아	(여) 목장
fattorino 파또리노	(남) 심부름꾼, 종업원
- fattorino d'albergo 파또리노 달베르고	- 벨보이
fattura 파뚜라	(여) 인보이스
favore 파보레	(남) 부탁, 호의
- dare il favore 다레 일 파보레	- 호의를 베풀다
fax 팍스	(남) 팩스기
fazzoletto 파졸렛또	(남) 손수건

- fazzoletto di carta 파졸렛또 디 까르따	- 종이 티슈
febbraio 페브라이오	(남) 2월
febbre 페브레	(여) 열(熱), 열병
feci 페치	(여.복) 대변(大便)
fede 페데	(여) 신앙
fegato 페가또	(남) 간(신체)
felice 펠리체	(형) 행복한
felicità 펠리치따	(여) 행복
femmina 펨미나	(여) 여성
femminile 페미닐레	(형) 여성의
feriale 페리알레	(형) 주중의, 평일의
ferire 페리레	(타동) 다치다
ferita 페리따	(여) 상처
ferito 페리또	(형) 부상당한

fermacravatta 페르마크라밧따	(여) 넥타이핀
fermarsi 페르마르시	(재귀동사) 멈추다
fermata 페르마따	(여) 정류소
- fermata del taxi 페르마따 델 땃시	- 택시 정류소
- fermata dell'autobus 페르마따 델라우또부스	- 버스 정류소
fermentazione 페르멘따찌오네	(여) 발효
feroce 페로체	(형) 사나운
ferro 페로	(남) 철(금속)
- ferro da stiro 페로 다 스띠로	- 다리미
ferrovia 페로비아	(여) 철도
ferroviere 페로비에레	(남) 철도원
festa 페스따	(여) 파티, 잔치
- festa di compleanno 페스따 디 꼼쁠레안노	- 생일 잔치
- festa di fine anno 페스따 디 피네 안노	- 송년회

festeggiare 페스떼좌레	(타동) ~을/를 기념하다. (자동) 파티를 하다
fetta 페따	(여) 얇게 썬 조각
fiaba 피아바	(여) 우화
fiammifero 피암미페로	(남) 성냥
fiato 피아또	(남) 호흡, 숨
fico 피꼬	(남) 무화과 열매, 무화과 나무
fidanzamento 피단자멘또	(남) 약혼식
fidanzata 피단자따	(여) 약혼녀
fidanzato 피단자또	(남) 약혼자
fiducia 피두치아	(여) 믿음, 신의
fiera 피에라	(여) 무역 전시회
figlia 필리아	(여) 딸
- figlia maggiore 필리아 마죠레	- 큰딸
- figlia minore 필리아 미노레	- 막내딸

- **figlia unica** — 외동딸
  필리아 우니까

figlio (남) 아들
필리오

- **figlio maggiore** — 큰아들
  필리오 마죠레

- **figlio minore** — 막내아들
  필리오 미노레

- **figlio unico** — 외아들, 독자
  필리오 우니꼬

fila (여) 줄
필라

filandese (남) 필란드 남자, 필란드어
필란데제 (여) 필란드 여자

- **la lingua filandese** — 필란드어
  라 링구아 필란데제

Filandia (여) 필란드
필란디아

filetto (남) 등심
필레또

filiale (여) 지점
필리알레

film (남) 영화
필므

filo (남) 실
필로

finalmente (부) 마침내
피날멘떼

fine 피네	(남) 목적. (여) 끝, 마지막 (형) 가는, 가느다란
- fine anno 피네 안노	- 연말
- fine mese 피네 메제	- 월말
- fine settimana 피네 세띠마나	- 주말
finestra 피네스뜨라	(여) 창문
fingere 핀제레	(자동) 가장하다
finire 피니레	(타동) 끝나다, 끝내다
- finire il lavoro 피니레 일 라보로	- 일을 끝내다
finora 피노라	(부사) 아직까지, 지끔까지
finto 핀또	(형) 가짜의, 모조의
fiore 피오레	(남) 꽃
- fiore artificiale 피오레 아르띠피치알레	- 조화(종이꽃)
fiorire 피오리레	(자동) 꽃이 피다 (타동) 꽃으로 장식하다
firma 피르마	(여) 서명(사인)

firmare 피르마레	(타동) 서명하다
fisica 피지까	(여) 물리학
fissare 피사레	(타동) 고정하다, 예약하다
fisso 피쏘	(형) 고정된
fitto 피또	(형) 진한, 빽빽한
fiume 퓨메	(남) 강(江)
focolare 포꼴라레	(남) 벽난로, 집, 가정
fodera 포데라	(여) 라이닝(lining)
foglia 폴리아	(여) 나뭇잎
foglio 폴리오	(남) 종이
fon 폰	(남) 헤어드라이어
fondamentale 폰다멘딸레	(형) 기초적인, 근본적인
fontana 폰따나	(여) 분수, 샘
fonte 폰떼	(남) 샘, 원천

foratura 포라뚜라	(여) 펑크
forbici 포르비치	(여.복) 가위
forbicine 포르비치네	(여.복) 손톱깎이
forcella 포르첼라	(여) 머리핀
forchetta 포르껫따	(여) 포크
forcina 포르치나	(여) 머리핀
forfora 포르포라	(여) 비듬
forma 포르마	(여) 형식, 모양
formaggio 포르맛죠	(남) 치즈
- formaggio di soia 포르맛죠 디 소이아	– 두부
formale 포르말레	(형) 격식적인
formazione 포르마찌오네	(여) 교육, 훈련
formica 포르미까	(여) 개미
formula 포르물라	(여) 공식

fornaio 포르나이오	(남) 빵집, 빵굽는 사람, 제빵업 종사자
fornimento 포르니멘또	(남) 공급
fornire 포르니레	(타동) 공급하다, 보급하다
forno 포르노	(남) 오븐, 빵가게
- forno a microonde 포르노 아 미끄론데	- 전자레인지
foro 포로	(남) 구멍
forse 포르세	(부) 아마
forte 포르떼	(형) 강한
fortezza 포르뗏짜	(여) 요새
fortuna 포르뚜나	(여) 행운
fortunato 포르뚜나또	(형) 행운의
foruncolo 포룬꼴로	(남) 종기, 부스럼
forza 포르짜	(여) 힘, 세기
fossetta 포셋따	(여) 보조개

foto 포또	(여) 사진
- fare la foto 파레 라 포또	- 사진을 찍다
fotocopia 포또꼬삐아	(여) 복사
fotocopiare 포또꼬삐아레	(타동) 복사하다
fotocopiatrice 포또꼬삐아뜨리체	(여) 복사기
fotografare 포또그라파레	(타동) 사진을 찍다
fotografia 포또그라피아	(여) 사진
fotografo 포또그라포	(남) 사진가
fra (= tra 뜨라) 프라	(전) 사이에, 후에
fragile 프라질레	(형) 깨지기 쉬운
fragola 프라골라	(여) 딸기
fraintendere 프라인뗀데레	(타동) 오해하다
francese 프란체제	(남) 프랑스 남자, 프랑스어 (여) 프랑스 여자 (형) 프랑스의
la lingua francese 라 링구아 프란체제	- 프랑스어

Francia 프란챠	(여) 프랑스
francobollo 프랑꼬볼로	(남) 우표
frase 프라제	(여) 문장
fratello 프라뗄로	(남) 남동생, 형, 오빠
- fratello maggiore 프라뗄로 마죠레	- 큰형
frattura 프라뚜라	(여) 골절
freccia 프레챠	(여) 화살, 방향 지시등
freddo 프레도	(형) 차가운, 추운 (남) 추위
fregare 프레가레	(타동) 속이다, 문지르다
frenare 프레나레	(타동) 브레이크를 잡다
freno 프레노	(남) 브레이크
- freno a mano 프레노 아 마노	- 핸드브레이크
frequentare 프레꿴따레	(타동) 만나다 (자동) 어떤 장소에 다니다
- frequentare qulcuno 프레꿴따레 꽐꾸노	- 교제하다

frequentazione 프레꿴따찌오네	(여) 교제
fresco 프레스꼬	(형) 서늘한, 시원한
fretta 프렛따	(여) 서두름
friggere 프릿제레	(자동) 튀기다. (타동) ~을/를 기름으로 요리하다
frigorifero 프리고리페로	(남) 냉장고
frittata 프리따따	(어) 팬케이크(pancakes)
frizione 프리찌오네	(여) 클러치(자동차)
fronte 프론떼	(여) 이마
frontiera 프론띠에라	(여) 경계선, 국경
frullatore 프룰라또레	(남) 믹서기
frutta 프룻따	(여) 과일
- frutta acerba 프룻따 아체르바	- 풋과일
- il negozio di frutta 네고찌오 디 프룻따	- 과일 가게
-frutti di mare 프룻띠 디 마레	해산물

fulmine 풀미네	(남) 번개
fumare 푸마레	(자동) 담배를 피우다
fumetto 푸멧또	(남) 코믹한 책
fumo 푸모	(남) 연기
fungo 풍고	(남) 버섯
funzionare 푼찌오나레	(자동) 작동하다
funzione 푼찌오네	(여) 작동, 기능
fuoco 푸오꼬	(남) 불(火), 초점
fuori 푸오리	(부) 밖에 (명) 밖
- fuori moda 푸오리 모다	- 유행에 뒤진
fuorigioco 푸오리죠꼬	(남) 오프사이드(축구)
furbo 푸르보	(형) 교활한
fusibile 푸지빌레	(남) 퓨즈(fuse)
futuro 푸뚜로	(남) 미래, 장래

g

gabbia
갑비아
(여) 새장

gabinetto
가비넷또
(남) 화장실(외부에 있는)

galateo
갈라떼오
(남) 매너

galleria
갈레리아
(여) 터널, 굴

gallina
갈리나
(여) 암탉

gallo
갈로
(남) 수탉

galoche
갈로쉐
(여.복) 오버슈즈

gamba
감바
(여) 다리(사람의)

gambero
감베로
(남) 새우

- **gamberetto**
  감베렛또
  – 작은 새우

- **gamberone**
  감베로네
  – 왕새우

gara
가라
(여) 경기(競技)

garage 가라제	(남) 차고
garantire 가란띠레	(타동) 보장하다, 보증하다
garanzia 가란찌아	(여) 보증
garofano 가로파노	(남) 카네이션
gas 가스	(남) 가스
- fornello a gas 포르넬로 아 가스	- 가스레인지
gatto 갓또	(남) 고양이
gelare 젤라레	(타) 얼리다 (자) 얼다
gelateria 젤라떼리아	(여) 아이스크림 가게
gelato 젤라또	(남) 아이스크림
geloso 젤로조	(형) 질투심이 있는
gemello 제멜로	(남) 쌍둥이. (형) 쌍둥이의
generalmente 제네랄멘떼	(부) 대개
generazione 제네라찌오네	(여) 세대

genere 제네레	(남) 종류, 성별
genero 제네로	(남) 사위
gengiva 젠지바	(여) 잇몸
genio 제니오	(남) 천재
genitale 제니딸레	(남) 생식기
genitori 제니또리	(남,복) 부모
gennaio 젠나이오	(남) 1월
gente 젠떼	(여) 사람들
gentile 젠띨레	(형) 친절한
gentilezza 젠띨렛짜	(여) 호의, 친절
Germania 제르마니아	(여) 독일
germoglio 제르몰료	(남) 어린 싹, 기원
- germoglio di soia 제르몰료 디 소이아	- 콩나물
gesso 젯소	(남) 분필

gestione 제스띠오네	(여) 경영
gestire 제스띠레	(자동) 제스쳐를 하다. (타동) 경영하다
gesto 제스또	(남) 제스쳐
ghiaccio 기앗쵸	(남) 얼음
già 좌	(부) 벌써, 이미
giacca 쟈까	(여) 재킷
giada 좌다	(여) 옥(광물)
giallo 쫠로	(형) 노란색의 (남) 노란 색
Giappone 쟈뽀네	(남) 일본
giapponese 쟈뽀네제	(남) 일본 남자, 일본어 (여) 일본 여자 (형) 일본의
- la lingua giapponese 라 링구아 쟈뽀네제	– 일본어
giardino 좌르디노	(남) 정원
gigante 지간떼	(남) 거인 (형) 매우 큰
giglio 질리오	(남) 백합

gilet 질레	(남) 조끼
ginecologo 지네꼴로고	(남) 산부인과 의사
ginnastica 진나스띠까	(여) 운동, 체육
ginocchio 지노끼오	(남) 무릎
giocare 죠까레	(자동) 놀다
- giocare a golf 죠까레 아 골프	- 골프를 치다
giocatore 죠까또레	(남) 남자 선수(選手)
giocatrice 죠까뜨리체	(여) 여자 선수
giocattolo 죠까똘로	(남) 장난감
gioco 죠꼬	(남) 게임
- giochi olimpici 죠끼 올림삐치	- 올림픽 게임
- gioco d'azzardo 죠꼬 다짜르도	- 놀음
gioia 죠이아	(여) 기쁨, 즐거움
gioielleria 죠이엘레리아	(여) 보석상, 보석가게, 시계포

gioiello 죠이엘로	(남) 보석
giornale 죠르날레	(남) 신문
giornalista 죠르날리스따	(남) 신문 기자
giorno 죠르노	(남) 낮, 날(日), 하루
- al giorno 알 죠르노	- 하루에
- giorno della settimana 죠르노 델라 셋띠마나	- 요일
- giorno feriale 죠르노 페리알레	- 평일
- giorno festivo 죠르노 페스띠보	- 명절, 공휴일, 축제일
giovane 죠바네	(남) 젊은이
giovedi 죠베디	(남) 목요일
giradischi 지라디스끼	(남.복) 레코드플레이어
girandola 지란돌라	(여) 바람개비
girare 지라레	(자동) 돌다(방향)
girasole 지라솔레	(남) 해바라기

giubbotto 쥬보또	(남) 캐킷, 조끼
- **giubbotto di salvataggio** 쥬보또 디 살바땃죠	– 구명 재킷
giudice 쥬디체	(남) 판사
giudizio 쥬디찌오	(남) 판결
giugno 쥬뇨	(남) 유월
giungere 쥰제레	(자동) 도착하다
giuntura 쥰뚜라	(여) 관절
giusto 쥬스또	(형) 옳은, 공정한
gloria 글로리아	(여) 영광
gol 골	(남) 골인
gola 골라	(여) 목구멍
golf 골프	(남) 골프, 스웨터
gomito 고미또	(남) 팔꿈치
gomma 곰마	(여) 고무, 지우개

- gomma da masticare 곰마 다 마스띠까레	- 껌(gum)
gonfio 곤피오	(형) 부어오른
gonna 곤나	- 미니 스커트
- minigonna 미니곤나	(여) 스커트, 치마
gorgonzola 고르곤졸라	(여) 고르곤졸라 치즈
gotico 고띠꼬	(형) 고딕양식의
governante 고베르난떼	(여) 가사 도우미
governare 고베르나레	(타동) 다스리다
gradazione 그라다찌오네	(여) 도수
gradino 그라디노	(남) 계단
gradito 그라디또	(형) 기쁜, 고마운, 환영받는
grado 그라도	(남) 도수, 등급
graffetta 그라펫따	(여) 클립
grammatica 그람마띠까	(여) 문법

grammo
그람모
(남) 그램(g)

grancassa
그란깟사
(여) 큰북(악기)

granchio
그란끼오
(남) 게

- **polpa di granchio**
  뽈빠 디 그란끼오
  – (여) 게살

grande
그란데
(형) 커다란, 위대한

- **grande magazzino**
  그란데 마가지노
  – 백화점

grandinare
그란디나레
(비인칭 동사) 우박이 내리다

grandine
그란디네
(여) 우박

grano
그라노
(남) 밀(곡식)

granoturco
그라노뚜르꼬
(남) 옥수수

grappolo
그랍뽈로
(남) 포도 송이

grasso
그랏소
(형) 기름진, 살찐. (남) 비계

gratis
그라띠스
(부) 무료로

grattacielo
그라따치엘로
(남) 고층 빌딩, 마천루

grave 그라베	(형) 중대한
gravidanza 그라비단짜	(여) 임신
grazia 그라찌아	(여) 은총
Grazie! 그라찌에	(감탄사) 감사합니다
Grecia 그레치아	(여) 그리스
grembiule 그렘뷸레	(남) 앞치마
gridare 그리다레	(자동) 소리치다
grido 그리도	(남) 고함, 외침
grigliare 그릴랴레	(타동) 굽다
grossista 그로씨스따	(남) 도매상
grosso 그롯소	(형) 굵은
grotta 그롯따	(여) 동굴
gru 그루	(여) 학(조류), 크레인
gruppo 그룹뽀	(남) 그룹, 단체

- gruppo di turisti 그룹뽀 디 뚜리스띠	- 단체 여행객
guadagnare 과다냐레	(타동) 돈을 벌다
guadagno 과다뇨	(남) 수입(벌이)
guancia 관챠	(여) 뺨
guanti 관띠	(남.복) 장갑
guardare 관르다레	(타동) 바라보다
guardaroba 과아르다로바	(남) 옷장
guardia 과르디아	(여) 경비원
guarire 구아리레	(타동) 치료하다 (자동) 회복되다
guarnizione 과르니찌오네	(여) 라이닝
- guarnizione del freno 과르니찌오네 델 프레노	- 브레이크라이닝
guastarsi 과스따르시	(재귀동사) 고장나다
guasto 과스또	(형) 고장난, (남) 고장
guerra 구에라	(여) 전쟁

gufo
구포
(남) 올빼미

guida
구이다
(여) 안내, 가이드, 안내 책자, 운전

- guida in stato di ebbrezza
구이다 인 스따또 디 에브렛짜
- 음주 운전

- guida turistica
구이다 뚜리스띠까
- 여행 가이드

guidare la macchina
구이다레 라 마끼나
차를 운전하다

guidare
구이다레
(타동) 운전하다

guscio
구쇼
(남) 껍질

gustare
구스따레
(타동) 맛보다

gusto
구스또
(남) 맛, 미각, 기호

gustoso
구스또조
(형) 맛있는

handicappato
안디까빠또
(남) 장애자 (형) 장애자의

hobby
옵비
(남) 취미

hostess
호스떼스
(여) 스튜어디스

hotel
호뗄
(남) 호텔

- hotel di lusso
호뗄 디 룻소
- 고급 호텔

i

idea
이데아
(여) 아이디어

ideale
이데알레
(형) 이상적인

identico
이덴띠꼬
(형) 동일한

identità
이덴띠따
(여) 정체성

idiota
이디오따
(남), (여) 바보, 멍청이

idraulico
이드라울리꼬
(남) 수도 수리공

ieri
예리
(부) 어제

- l'altroieri
랄뜨로예리
- (부) 그저께

igienico
이쮀니꼬
(형) 위생적인

illegale
일레갈레
(형) 불법의

imballaggio
임발랏죠
(남) 포장

imbarco
임바르꼬
(남) 탑승

- imbarco immediato 임바르꼬 임메디아또	- 즉시 탑승
imbottigliamento 임보띨랴멘또	(남) 병입
imbuto 임부또	(남) 깔때기
imitare 이미따레	(타동) 모조하다
imitazione 이미따찌오네	(여) 모조품
immaginare 임마지나레	(타동) 상상하다
immigrare 임미그라레	(자동) 이민오다
immobile 임모빌레	(형) 움직이이 않는 (남) 부동산
immondizia 임몬디찌아	(여) 쓰레기
imparare 임빠라레	(타동) 배우다
impazzire 임빠찌레	(자동) 미치다
impedire 임뻬디레	(타동) 막다, 방해하다
impegnato 임뻬냐또	(형) 바쁜
impegno 임뻬뇨	(남) 업무

imperfetto 임뻬르펫또	(형) 불완전한
impermeabile 임뻬르메아빌레	(남) 레인코트, 비옷. (형) 방수의
impianto 임삐안또	(남) 시스템, 설비
impiegare 임삐에가레	(타동) 고용하다
impiegata 임삐에가따	(여) 여자 회사원, 여자 종업원, 여자 사무원
impiegato 임삐에가또	(남) 남자 회사원, 남자 종업원, 남자 사무원
- impiegato statale 임삐에가또 스따딸레	- 공무원
impiego 임삐에고	(남) 고용
importante 임뽀르딴떼	(형) 중요한
importare 임뽀르따레	(타동) 수입하다
importatore 임뽀르따또레	(남) 수입업자
importazione 임뽀르따찌오네	(여) 수입(제품의)
importunare 임뽀르뚜나레	(타동) 괴롭히다
impressione 임쁘레시오네	(여) 인상(느낌), 감명

imprevedibile 임쁘레베디빌레	(형) 예상할 수 없는
improvvisamente 임쁘로비자멘떼	(부) 갑자기
inaspettatamente 인아스뻬따따멘떼	(부) 뜻밖에
inaugurazione 인아우구라찌오네	(여) 개업, 오픈닝
incartare 인까르따레	(타동) 싸다(종이 등으로)
incendio 인첸디오	(남) 화재
incertezza 인체르뗏짜	(여) 불확실
incerto 인체르또	(형) 불확실한
inchiostro 잉끼오스뜨로	(남) 잉크
incidente 인치덴떼	(남) 사고
- incidente stradale 인치덴떼 스뜨라달레	- 교통 사고
incinta 인친따	(형) 임신한
inclinato 인끌리나또	(형) 경사진
includere 인끌루데레	(타동) 포함하다

incluso 인끌루조	(형) 포함된
incontrare 인꼰뜨라레	(타동) 만나다
incosciente 인꼬쉔떼	(형) 의식을 잃은, 무책임한
incredibile 인끄레디빌레	(형) 믿을 수 없는
incrocio 잉끄로쵸	(남) 교차로
incubo 인꾸보	(남) 악몽
indagine 인다지네	(여) 조사
indicare 인디까레	(타동) 지시하다, 가리키다
indicazione 인디까찌오네	(여) 지시
indice 인디체	(남) 색인, 집게 손가락
indietro 인디에뜨로	(부) 뒤로
indifferente 인디페렌떼	(형) 무관심한 (명) 무관심한 사람
indifferenza 인디페렌자	(여) 무관심
indigestione 인디제스띠오네	(여) 소화 불량

indipendente 인디뻰덴떼	(형) 독립적인
indipendenza 인디뻰덴짜	(여) 독립
indirettamente 인디레따멘떼	(부) 간접적으로
indiretto 인디렛또	(형) 간접의
indirizzo 인디릿쪼	(남) 주소
indirizzo e-mail 인디릿쪼 이메일	– 이메일 주소
- indirizzo permanente 인디릿쪼 뻬르마넨떼	– 본적
indispensabile 인디스뻰사빌레	(형) 필수적인
individuo 인디비두오	(남) 개인
indovinare 인도비나레	(타동) 알아 맞추다
industria 인두스뜨리아	(여) 공업, 산업
- industria pesante 인두스뜨라아 뻬산떼	– 중공업
- indutria leggera 인두뜨리아 레제라	(여) 경공업
industrializzazione 인두스뜨리알리자찌오네	(여) 공업화, 산업화

inevitabile 인에비따빌레	(형) 피할 수 없는
infarto 인파르또	(남) 심장마비
infelice 인펠리체	(형) 불행한
infermiere 인페르미에레	(남) 남자 간호원
infermiera 인페르미에라	(여) 여자 간호원
inferno 인페르노	(남) 지옥
infiammazione 인피암마찌오네	(여) 염증
infine 인피네	(부) 결국
infinito 인피니또	(남) 동사원형
inflazione 인플라찌오네	(여) 인플레이션
influenza 인플루엔자	(여) 유향성 감기, 독감, 영향
informazione 인포르마찌오네	(여) 안내소, 안내, 정보
- informazione turistica 인포르마찌오네 뚜리스띠까	- 관광 안내소
ingannare 인간나레	(타동) 속이다

inganno 인간노 — (남) 속임

ingegnere 인제녜레 — (남) 엔지니어

ingenuo 인제누오 — (형) 순진한

Inghilterra 잉길떼라 — (여) 영국

inglese 잉글레제 — (남) 영국 사람, 영어

- **la lingua inglese** 라 링구아 잉글레제 — 영어

ingrandimento 인그란디멘또 — (남) 확대

ingrandire 인그란디레 — (타동) 확대하다 / (자동) 커지다

ingrediente 인그레디엔떼 — (남) 재료, 원료

ingresso 인그렛소 — (남) 입구

iniezione 이니에찌오네 — (여) 주사

- **fare un'iniezione** 파레 운이니에찌오네 — 주사를 놓다

iniziare 이니찌아레 — (타동) 시작하다 / (자동) 시작되다

inizio 이니지오 — (남) 초기, 시작

innamorato 인나모라또	(형) 사랑에 빠진
inno 인노	(남) 찬가, 송가
- inno nazionale 인노 나찌오날레	- 국가(노래)
innocente 이노첸떼	(형) 무죄의
inquinamento 인뀌나멘또	(남) 오염
insalata 인살라따	(여) 샐러드
insegna 인세냐	(여) 간판, 광고판
insegnante 인세냔떼	(남), (여) 교사, 선생님
insegnare 인세냐레	(타동) 가르치다
insetticida 인세띠치다	(여) 구충제
insieme 인시에메	(부) 함께
insistenza 인시스뗀짜	(여) 고집
insistere 인시스떼레	(자동) 고집하다
insonnia 인손니아	(여) 불면증

instabile 인스따빌레	(형) 불안한
intelligente 인뗄리젠떼	(형) 똑똑한, 지적인
intenso 인뗀소	(형) 진한
intenzionalmente 인뗀찌오날멘떼	(부) 고의적으로
intenzione 인뗀찌오네	(여) 의도
interesse 인떼레쎄	(남) 관심, 흥미, 이자
interiezione 인떼리에찌오네	(여) 감탄사(문법)
internazionale 인떼르나찌오날레	(형) 국제적인
internet 인떼르넷뜨	(남) 인터넷
- internet café' 인떼르넷뜨 까페	- 인터넷카페
- internet senza filo 인떼르넷뜨 센자 필로	- 무선 인터넷
internista 인떼르니스따	(남), (여) 내과 의사
interno 인떼르노	(남) 내부
- interno del Paese 인떼르노 델 빠에제	- 국내

interpretare 인떼르쁘레따레	(타동) 통역하다
interpretazione 인떼르쁘레따찌오네	(남) 통역
interprete 인떼르쁘레떼	(남) 통역가
intervallo 인떼르발로	(남) 휴식 시간, 하프타임(운동 경기)
intervenire 인떼르베니레	(자동) 간섭하다
intervista 인떼르비스따	(여) 면접
intimo 인띠모	(형) 내부의, 깊숙한 (명) 내부
intorno 인또르노	(부) 주위에
intossicazione 인또시까찌오네	(여) 중독
- intossicazione alimentare 인또시까찌오네 알리멘따레	- 식중독
inutile 이누띨레	(형) 쓸모없는
invecchiamento 인베끼아멘또	(남) 숙성
invece 인베체	(부) 반대로
inventare 인벤따레	(타동) 발명하다

inverno 인베르노	(남) 겨울
investimento 인베스띠멘또	(남) 투자
investire 인베스띠레	(타동) 투자하다
invitare 인비따레	(타동) 초대하다
invito 인비또	(남) 초대, 초대장
invoice 인보이스	(남) 송장(送狀), 발송장
io 이오	(대) 나
ipertensione 이뻬르뗀시오네	(여) 고혈압
ipotesi 이뽀떼지	(여) 가정(假定)
ipotizzare 이뽀띠자레	(자동) 가정하다
ira 이라	(여) 화(노여움)
irregolare 이레골라레	(형) 불규칙의
iscriversi 이스끄리베르시	(재귀동사) 가입하다
isola 이솔라	(여) 섬

istituto (남) 기관, 교육 기관, 연구소
이스띠뚜또

- **istituto di cultura** – 문화원
  이스띠뚜또 디 꿀뚜라

istruzione (여) 교육
이스뜨루찌오네

-**istruzione obbligatoria** – 의무교육
  이스뜨루찌오네 오블리가또리아

Italia (여) 이탈리아
이딸리아

italiano (남) 이탈리아 남자, 이탈리아어
이딸리아노

italiana (여) 이탈리아 여자
이딸리아나

- **la lingua italiana** – 이탈리아어
  라 링구아 이딸리아나

itinerario (남) 여정, 여행 일정
이띠네라리오

IVA(imposta sul valore aggiunto) (여) 부가세
이바

jazz 재즈	(남) 재즈(음악)
jeans 진스	(남.복) 청바지
Jogging 조깅	(남) 조깅
judo 쥬노	(남) 유도
kiwi 끼위	(남) 키위
koala 꼬알라	(남) 코알라

là
라
(부) 거기, 저기

labbro
라브로
(남) 입술

lacca
락까
(여) 헤어스프레이

lacrima
라끄리마
(여) 슬픔, 울음

ladro
라드로
(남) 도둑

lago
라고
(남) 호수

lampada
람빠다
(여) 등(불), 램프

lampadario
람빠다리오
(남) 샹들리에

lampone
람뽀네
(남) 라즈베리(raspberries)

lana
라나
(여) 울(wool)

lancetta
란쳇따
(여) 작은 지시기, 지시도구

- lancetta di un orologio
란쳇따 디 운 오롤로죠
- 시침(혹은 분침)

lancia 란촤	(여) 창(무기)
lardo 라르도	(남) 비계, 기름 조각
largo 라르고	(형) 넓은
latino 라띠노	(남) 라틴어
- la lingua latina 라 링구아 라띠나	- 라틴어
lato 라또	(남) 측면
latte 랏떼	(남) 우유
lattina 라띠나	(여) 캔(깡통)
lattuga 라뚜가	(여) 상추
laurea 라우레아	(여) 대학 졸업, 대학 졸업장
lava 라바	(여) 용암
lavagna 라바냐	(여) 칠판
lavanderia 라반데리아	(여) 세탁소
lavandino 라반디노	(남) 세면대

lavapiatti 라바삐앗띠	(여) 식기세척기
lavare 라바레	(타동) 목욕시키다, 씻다
lavarsi 라바르시	(재귀동사) 목욕하다
lavastoviglie 라바스또빌리에	(여) 식기세척기
lavatrice 라바뜨리체	(여) 세탁기
lavorare 라보라레	(자동) 일을 하다
lavoro 라보로	(남) 노동, 일, 직장
- lavoro di cucito 라보로 디 꾸치또	- 바느질
- lavoro eccessivo 라보로 에체시보	- 과로
legare 레가레	(타동) 묶다
legge 렛제	(여) 법(法)
leggere 렛제레	(형) 가벼운 (자동) 읽다. (타동) ~을/를 읽다, ~을/를 해석하다
legna 레냐	(여) 장작
legname 레냐메	(남) 목재

lei 레이	(대) 그녀
Lei(이 경우 L자는 대문자) 레이	(대) 당신
lentamente 렌따멘떼	(부) 천천히
lente 렌떼	(남) 렌즈
- lente a contatto 렌떼 아 꼰땃또	- 콘텍트렌즈
- lente di ingrandimento 렌떼 디 인그란디멘또	- 돋보기
lentiggini 렌띠지니	(여.복) 주근깨
lento 렌또	(형) 느린
lenzuolo 렌쭈올로	(남) 침대 시트
leone 레오네	(남) 사자
lettera 레떼라	(여) 편지, 문자
- lettera di credito 레떼라 디 끄레디또	- 신용장
- lettera raccomandata 레떼라 라꼬만다따	- 등기 우편
letteratura 레떼라뚜라	(여) 문학

letto doppio 렛또 돕삐오	트윈베드
letto singolo 렛또 싱골로	싱글베드
letto 렛또	(남) 침대
lettore 레또레	(남) 독자(讀者)
- lettore DVD 레또레 디브디	– 디브디플레이어(DVD player)
leva del cambio 레바 델 깜비오	(여) 변속기어(자동차)
lezione 레찌오네	(여) 수업
lì 리	(부) 거기, 저기
libbra(0,454 kg) 립브라	(여) 파운드(무게)
libellula 리벨룰라	(여) 잠자리(곤충)
libero 리베로	(형) 한가한, 빈, 자유로운
libertà 리베르따	(여) 자유
libreria 리브레리아	(여) 서점, 책방
libretto 리브렛또	(남) 수첩, 작은 책자

- libretto di assegno 리브렛또 디 아세뇨	- 수표책
libro 리브로	(남) 책
licenziamento 리첸찌아멘또	(남) 해고
liceo 리체오	(남) 고등학교
lievito 리에비또	(남) 효모
limitare 리미따레	(타동) 제한하다
limite 리미떼	(남) 한계
- limite di velocità 리미떼 디 벨로치따	- 속도 제한
limone 리모네	(남) 레몬
linea 리네아	(여) 선, 라인
- linee internazionali 리네 인떼르나찌오날리	- 국제선
- linee nazionali 리네 나찌오날리	- 국내선
lingua 링구아	(여) 언어, 혀
- lingua parlata 링구아 빠를라따	- 구어

- lingua scritta 링구아 스끄릿따	– 문어
- lingua straniera 링구아 스뜨라니에라	– 외국어
linguistica 링귀스띠까	(여) 언어학
lino 리노	(남) 린넨(linen)
liquore 리꾸오레	(남) 술
lista 리스따	(여) 리스트, 목록
listino 리스띠노	(남) 목록
- listino del prezzo 리스띠노 델 쁘렛쪼	– 가격표
litigare 리띠가레	(자동) 다투다, 말다툼을 하다
litigio 리띠지오	(남) 말다툼
litro 리뜨로	(남) 리터(liter)
liturgia 리뚜르좌	(여) 전례
livello 리벨로	(남) 레벨, 수준
lobby 로비	(남) 로비(호텔)

località 로깔리따	(여) 지역, 구역
lodare 로다레	(타동) 칭찬하다
lombaggine 롬바지네	(남) 요통
lontano 론따노	(형) 먼 (부) 멀리
loro 로로	(대) 그들 (형) 그들의
lottare 로따레	(자동) 싸우다
lotteria 로떼리아	(여) 복권방
lotto 롯또	(남) 복권
lucchetto 루껫또	(남) 자물쇠
luce 루체	(여) 빛
- luce retromarcia 루체 레뜨로마르챠	- 미등
luglio 룰리오	(남) 칠월
luna 루나	(여) 달(月, 천문)
- luna di miele 루나 디 미엘레	- 밀월, 신혼

- luna piena 루나 삐에나	- 보름달
lunedì 루네디	(남) 월요일
lunga distanza 룽가 디스딴짜	장거리
lunghezza 룽겟자	(여) 길이
lungo 룽고	(형) 긴
luogo 루오고	(남) 장소
- luogo di lavoro 루오고 디 라보로	- 일터, 직장
- luogo di nascita 루오고 디 나쉬따	- 출생지
- luogo di partenza 루오고 디 빠르뗀자	- 출발지
- luogo famoso 루오고 파모조	- 명승지
- luogo turistico 루오고 뚜리스띠꼬	- 관광지
lupo 루뽀	(남) 늑대
lusso 룻소	(남) 고급, 사치품
lussoso 루소조	(형) 화려한, 사치스런

ma 마	(접) 그러나
maccheroni 마께로니	(남.복) 마카로니
macchiato 마끼아또	(형) 자국이 난
macchina 마끼나	(여) 자동차, 기계
- in macchina 인 마끼나	- 자동차로, 자동차를 타고
- macchina bancario automatico 마끼나 방까리오 아우또마띠꼬	- 현금자동지급기
- macchina Bancomat 마끼나 방꼬맛	- 현금자동지급기
- macchina da fotografia digitale 마끼나 다 포토그라피아 디지딸레	- 디지털 카메라
- macchina da fotografia 마끼나 다 포또그라피아	- 카메라
macelleria 마첼레리아	(여) 정육점
macerazione 마체라찌오네	(여)침용(와인)
macinino del caffè 마치니노 델 까페	커피그라인더

madre 마드레	(여) 어머니
maestro 마에스뜨로	(남) 명인, 초등학교 선생님
magazzino 마가지노	(남) 창고
maggio 맛죠	(남) 오월
maggiore 마죠레	(형) 더 큰, 상급의 (남) 연장자
magia 마지아	(여) 마술
magistero 마지스떼로	(남) 교육 대학
maglietta 말리엣따	(여) 운동복(상의)
maglione 말리오네	(남) 스웨터
magnete 마녜떼	(남) 자석
magro 마그로	(형) 마른(몸이)
maiale 마이알레	(남) 돼지
maionese 마요네제	(여) 마요네즈
mais 마이스	(남) 옥수수

mal d'aereo 말 다에레오	비행기 멀미
mal di mare 말 디 마레	배 멀미
mal di testa 말 디 떼스따	두통
malato 말라또	(형) 아픈 (남) 환자
malattia 말라띠아	(여) 병
- malattia virale 말라띠아 비랄레	- 바이러스성 병
maleducato 말에두까또	(형) 예의가 없는
malinconico 말린꼬니꼬	(형) 우울한
mamma 맘마	(여) 엄마
mancante 망깐떼	(형) 부족한
mancanza 망깐자	(여) 그리움, 부족함
mancare 망까레	(자동) 그리워하다, 부족하다
mancia 만챠	(여) 팁(tip)
mandare 만다레	(타동) 보내다

- **mandare la lettera**
  만다레 라 렛떼라
  – 편지를 보내다

- **mandare un'e-mail**
  만다레 운 이메일
  – 이메일을 보내다

mandarino
만다리노
(남) 귤

mandorla
만도를라
(여) 아몬드

mangiare
만쟈레
(타동) 먹다

- **mangiare al ristorante**
  만쟈레 알 리스또란떼
  – 외식하다

mango
망고
(남) 망고(과일)

manica
마니까
(여) 옷소매

manicure
마니꾸레
(여) 매니큐어

maniglia
마닐리아
(여) 손잡이

mano
마노
(여) 손(手)

mansarda
만사르다
(여) 다락방

mantello
만뗄로
(남) 망토

mantenere
만떼네레
(타동) 지키다

- mantenere la promessa 만떼네레 라 쁘로멧사	- 약속을 지키다
manuale 마누알레	(남) 설명서 (형) 수동의
manubrio 마누브리오	(남) 아령(dumbbel)
manzo 만조	(남) 식용 숫소
mappa 마빠	(여) 지도
marchio 마르끼오	(남) 브랜드, 상표
marciapiede 마르챠삐에데	(남) 보도(步道), 보행로
mare 마레	(남) 바다
margarina 마르가리나	(여) 마가린
marinaio 마리나이오	(남) 항해사, 선원
marito 마리또	(남) 남편
- marito e moglie 마리또 에 몰리에	- 부부, 남편과 아내
- Suo marito 수오 마리또	- 당신의 남편
marmellata 마르멜라따	(여) 잼(jam)

marmo 마르모	(남) 대리석
marrone 마로네	(형) 밤색의, 갈색의 (남) 밤색, 갈색
martedì 마르떼디	(남) 화요일
martello 마르뗄로	(남) 망치
marzo 마르쪼	(남) 삼월
maschera 마스께라	(여) 가면, 마스크
- maschera a ossigeno 마스께라 아 오시제노	- (여) 산소 마스크
maschile 마스낄레	(형) 남성의 (남) 남성
massaggio 마사죠	(남) 마사지
massimo 맛시모	(형) 최대한의
masterizzatore 마스떼리자또레	(남) 시디버너(CD burner)
masticare 마스띠까레	(타동) 씹다
matematica 마떼마띠까	(여) 수학
materasso 마떼랏소	(남) 메트리스

materia 마떼리아	(여) 물질
- **materia prima** 마떼리아 쁘리마	- 원료
- **materia scolastica** 마떼리아 스꼴라스띠까	- 과목
matita 마띠따	(여) 연필
- **matita colorata** 마띠따 꼴로라따	- 색연필
matrimonio 마뜨리모뇨	(남) 결혼
mattina 마띠나	(여) 아침
mattinata 마띠나따	(여) 오전
matto 맛또	(형) 미친, 정신나간 (남) 미친 남자
mattone 마또네	(남) 벽돌
maturazione 마뚜라찌오네	(여) 성숙
meccanico 메까니꼬	(남) 기계 기술자
medaglia 메달리아	(여) 메달, 훈장
- **medaglia d'argento** 메달리아 다르젠또	- 은메달

- medaglia di bronzo 메달리아 디 브론조	- 동메달
- medaglia d'oro 메달리아 도로	- 금메달
medaglione di manzo 메달리오네 디 만조	쇠고기 안심
media 메디아	(여) 평균, 중학교
mediante 메디안떼	(전치사) ~통해서
medicina 메디치나	(여) 의약품, 의학
medico 메디꼬	(남) 의사
medio 메디오	(남) 가운뎃손가락 (형) 보통의, 중간의
medioevo 메디오에보	(남) 중세
meditazione 메디따찌오네	(여) 명상
mela 멜라	(여) 사과
melagrana 멜라그라나	(여) 석류
melanzana 멜란자나	(여) 가지(야채)
melo 멜로	(남) 사과 나무

melodia
멜로디아
(여) 멜로디

melone
멜로네
(남) 메론

membro
멤브로
(남) 멤버, 구성원

- **membro di Assemblea Nazionale** – 국회 의원
  멤브로 디 아셈블레아 나찌오날레

memoria
메모리아
(여) 메모리

mendicante
멘디깐떼
(남) 거지

meno
메노
(부) 덜 (형) 더 적은
(대) 더 적은 양 (남) 최소 (전) 제외하고

mensa
멘사
(여) 구내 식당

menta
멘따
(여) 민트, 박하

mente
멘떼
(여) 마음, 정신

mentire
멘띠레
(자동) 거짓말하다

mento
멘또
(남) 턱(인체)

menu
메누
(남) 메뉴

mercato
메르까또
(남) 장(場), 시장(市場)

merce
메르체
(여) 상품

- **merce da dichiarare**
  메르체 다 디끼아라레
  - 신고할 물건

- **merce in giacenza**
  메르체 인 쟈첸자
  - 재고품

mercoledì
메르꼴레디
(남) 수요일

merenda
메렌다
(여) 간식

- **fare la merenda**
  파레 라 메렌다
  - 간식을 먹다

merluzzo
메를룻조
(남) 대구(생선)

mese
메제
(남) 달(月)

- **mese prossimo**
  메제 쁘로시모
  - 다음 달

- **mese scorso**
  메제 스꼬르소
  - 지난 달

messa
멧사
(여) 예배(미사)

Messico
멧시꼬
(남) 멕시코

mestruazione
메스뜨루아찌오네
(여) 생리(여성)

metodo
메또도
(남) 방법

metro 메뜨로	(남) 줄자
metropolitana 메뜨로뽈리따나	(여) 지하철
mettere 멧떼레	(타동) 두다, 놓다
- mettere a letto 멧떼레 아 렛또	- 눕히다(침대에)
- mettere in onda 메떼레 인 온다	- 방송하다, 보도하다
mezzanotte 메자놋떼	(여) 자정
mezzo 멧조	(남) 반(절반)
- mezza pensione 멧짜 뻰시오네	- 하프보드(half board)
mezzogiorno 메조죠르노	(남) 정오
miele 미엘레	(남) 꿀
mignolo 미뇰로	(남) 새끼손가락
mille 밀레	(형) 일천(千)의 (남) 일천
milione 밀리오네	(남) 백만
minaccia 미나치아	(여) 위협

minacciare
미나치아레
(타동) 위협하다

minestra
미네스뜨라
(여) 수프

minimo
미니모
(형) 최소한의

Ministero
미니스떼로
(남) 내각, 국가 부서

- Ministero degli Affari Esteri — 외무부
미니스떼로 델리 아파리 에스떼리

- Ministero d'Istruzione — 교육부
미니스떼로 디스뜨루치오네

ministro
미니스뜨로
(남) 장관(長官)

- vice ministro — 차관
비체 미니스뜨로

minore
미노레
(형) 더 작은, 덜 중요한
(남) 어린이, 청소년

minuto
미누또
(남) 분(시간)

mio(a)
미오(아)
(형) 나의 (대) 내것

miope
미오뻬
(형) 근시의(눈). (남)(여) 근시

miracolo
미라꼴로
(남) 기적

mirtillo
미르띨로
(남) 블루베리

miscelare 미쉘라레	(타동) 섞다
misterioso 미스테리오조	(형) 신비한
misurare 미주라레	(자동) 측정하다
- misurare la temperatura 미주라레 라 뗌뻬라뚜라	- 온도를 재다
mittente 미뗀떼	(남) 발신인
mobile 모빌레	(형) 움직이는 (남) 가구
moda 모다	(여) 패션(fashion)
modella 모델라	(여) 여자 모델
- alla moda 알라 모다	유행하는
modello 모델로	(남) 남자 모델
- modello nuovo 모델로 누오보	- 신형 모델
modem 모뎀	(남) 모뎀(modem)
modernizzazione 모데르니짜찌오네	(여) 현대화
modesto 모데스또	(형) 겸손한

modo 모도	(남) 방식, 수단
modulo 모둘로	(남) 서식, 양식(樣式)
moglie 몰리에	(여) 아내
- Sua moglie 수아 몰리에	- 당신의 아내
molla 몰라	(여) 스프링
molletta 몰렛따	(여) 빨래집게
molo 몰로	(남) 부두
molto 몰또	(형) 많은. (대) 많은 양, (부) 많이, 매우
- molto poco 몰또 뽀꼬	- 매우 조금
- molto tempo 몰또 뗌뽀	- 많은 시간
momento 모멘또	(남) 순간, 잠깐
mondo 몬도	(남) 세계
moneta 모네따	(여) 동전
monitor 모니또르	(남) 모니터

monopetto 모노뻿또	(남) 원피스
montaggio 몬땃죠	(남) 편집, 조립
montagna 몬따냐	(여) 산(山)
montare 몬따레	(타동) 조립하다
montatura 몬따뚜라	(여) 안경테
monte 몬떼	(남) 산(山), 많은 양
monumento 모누멘또	(남) 유적
- monumento culturale 모누멘또 꿀뚜랄레	– 문화유산
mora 모라	(여) 블랙베리
morbido 모르비도	(형) 부드러운
morbillo 모르빌로	(남) 홍역
morire 모리레	(자동) 사망하다, 죽다
mormorare 모르모라레	(자동) 중얼거리다. (타동) 무엇인가를 아주 작은 소리로 말하다
morte 모르떼	(여) 사망, 죽음

mosto 모스또	(남) 포도즙
mostra 모스뜨라	(여) 전시회
mostrare 모스뜨라레	(타동) 보여주다
motivo 모띠보	(남) 동기, 이유
moto 모또	(여) 오토바이
motore 모또레	(남) 모터, 엔진
mouse 마우스	(남) 마우스(컴퓨터)
moxibustione 모시부스띠오네	(여) 뜸(한방)
mozzicone 모찌꼬네	(여) 담배 꽁초
mucca 무까	(여) 젖소
multa 물따	(여) 벌금
muratore 무라또레	(남) 벽돌공
muro 무로	(남) 벽(집)
muscolo 무스꼴로	(남) 근육

museo
무제오
(남) 박물관

- **Museo nazionale**
  무제오 나찌오날레
  - 국립 박물관

- **museo privato**
  무제오 쁘리바또
  - 사립 박물관

musica
무지까
(여) 음악

- **musica classica**
  무지까 끌라시까
  - 고전 음악

- **musica leggera**
  무지까 레제라
  - 경음악

musical
무지깔
(남) 뮤지컬

musicista
무지치스따
(남), (여) 음악가

mutande
무딴데
(여.복) 팬티

moderno
모데르노
(형) 현대적인

narice
나리체
(여) 콧구멍

narrare
나라레
(타동) 서술하다 (자동) ~에 대해 이야기하다

nascere
나쉐레
(자동) 탄생하다, 태어나다

nascita
나쉬따
(여) 탄생

nascondere
나스꼰데레
(타동) 가리다, 숨기다

naso
나조
(남) 코

nastro
나스뜨로
(남) 리본

Natale
나딸레
(남) 성탄절

natura
나뚜라
(여) 자연

naturale
나뚜랄레
(형) 자연의, 천연의

naturalmente
나뚜랄멘떼
(부) 자연히

nausea
나우제아
(여) 멀미, 메스꺼움

nave 나베	(여) 큰 배(교통 수단)
navigare 나비가레	(자동) 항해하다
navigazione 나비가찌오네	(여) 항해
nazionalità 나찌오날리따	(여) 국적
nazione 나찌오네	(여) 나라, 국가
nebbia 넵비아	(여) 안개
necessità 네체시따	(여) 필요
negare 네가레	(타동) 부정하다
negativo 네가띠보	(형) 부정적인
negoziato 네고찌아또	(남) 교섭
negozio 네고찌오	(남) 가게, 상점
- negozio dei mobili 네고찌오 데이 모빌리	- 가구점
- negozio d'abbigliamento 네고찌오 다빌리아멘또	- 옷가게
- negozio delle scarpe 네고찌오 델레 스까르뻬	- 구두 가게

- **negozio di alimentari** — 식료품점
  네고찌오 디 알리멘따리

- **negozio di antiquariato** — 골동품 가게
  네고찌오 디 안띠꽈리아또

- **negozio di ferramenta** — 철물점
  네고찌오 디 페라멘따

- **negozio di fiori** — 꽃가게
  네고찌오 디 피오리

- **negozio di verdura** — 채소 가게, 야채 가게
  네고찌오 디 베르두라

- **negozio esentasse** — 면세점
  네고찌오 에센따세

- **negozio fotocamere** — 카메라점
  네고찌오 포또까메레

nero (형) 검은 색의 (남) 검은 색
네로

- **nero di seppia** — 오징어 먹물
  네로 디 세삐아

nervo (남) 신경
네르보

nessuno (형) 아무도 아닌
네수노

neve (여) 눈(기후)
네베

nevicare (비인칭 동사) 눈이 내리다
네비까레

nicotina (여) 니코틴
니꼬띠나

niente 니엔떼	(대) 아무것도 아닌 것 (형) 아무것도 아닌
- Di niente! 디 니엔떼!	- 천만에요!
nipote 니뽀떼	(남) 손자, 남자 조카. (여) 손녀, 여조카
no 노	(부) 아니다
nobile 노빌레	(형) 고상한
nocciola 노촐라	(여) 호두(열매)
nocciolo 노촐로	(남) 호두 나무
noce 노체	(여) 호두
noioso 노이오조	(형) 지루한
noleggiare 놀레지아레	(타동) 렌트하다
noleggio 놀렛죠	(남) 렌트, 빌림
- noleggio della macchina 놀렛죠 델라 마끼나	- 렌터카
nome 노메	(남) 이름, 명사(문법)
non ~ mai 논~마이	결코 ~이 아니다

non 논	(부) 아니다
- non c'entrare 논 첸뜨라레	상관없다
- non è buono 논 에부오노	좋지 않다, 맛없다
nonna 논나	(여) 할머니
nord 노르드	(남) 북쪽
normale 노르말레	(형) 보통의
nostalgia 노스딸좌	(여) 향수(鄕愁)
nostro(a) 노스뜨로(라)	(형) 우리들의
nota 노따	(여) 음표
notaio 노따요	(남) 공증인
notizia 노띠찌아	(여) 뉴스, 소식
noto 노또	(형) 알려진
notte 놋떼	(여) 밤(夜), 야간
nove 노베	(남) 아홉 (형) 아홉의

novembre 노벰브레	(남) 십일월
nozze di miele 노쩨 디 미엘레	(여.복) 신혼 여행
nuca 누까	(여) 목덜미
numero 누메로	(남) 번호, 수(數), 숫자
- numero del posto 누메로 델 뽀스또	- 좌석 번호
- numero del volo 누메로 델 볼로	- 비행기 번호
- numero della camera 누메로 델라 까메라	- 방 번호
- numero di conto corrente 누메로 디 꼰또 꼬렌떼	- 구좌 번호
- numero segreto(= PIN) 누메로 세그레또(삔)	-비밀번호
- numero telefonico 누메로 뗄리포니꼬	- 전화번호
nuora 누오라	(여) 며느리
nuotare 누오따레	(자동) 수영하다
nuoto 누오또	(남) 수영
- nuoto a rana 누오또 아 라나	- 평영(수영)

nuovo
누오보

(형) 새로운

- **di nuovo**
  디 누오보

- 다시

- **nuovo record**
  누오보 레꼬드

- 신기록

nuvola
누볼라

(여) 구름

nonno
논노

(남) 할아버지

o
오
(접) 혹은, 그러나

obiettivo
오비에띠보
(남) 렌즈(카메라), 목적

oca
오까
(여) 거위

occasione
오까지오네
(여) 기회

occhiali
오끼알리
(남.복) 안경

- occhiali da sole
오끼알리 다 솔레
- 선글라스

- occhiali da sub
오끼알리 다 숩
- 물안경

occhio
오끼오
(남) 눈(신체)

occidentale
오치덴딸레
(형) 서양의

occupare
오꾸빠레
(타) 점령하다, 일을 주다

occupato
오꾸빠또
(형) 바쁜

occupazione
오꾸빠찌오네
(여) 직업, 고용, 점령

odiare 오디아레	(타동) 저주하다
odio 오디오	(남) 증오, 저주
odore 오도레	(남) 냄새
offrire 오프리레	(타동) 제공하다
oggettivo 오젯띠보	(형) 개관적인
oggetto 오젯또	(남) 사물
- oggetto d'antiquariato 오젯또 단띠꽈리아또	- 골동품
- oggetto importato 오젯또 임뽀르따또	- 수입품
- oggetto ornamentale 오젯또 오르나멘딸레	- 장식물
- oggetto prestigioso 오젯또 쁘레스띠죠소	- 귀중품
- oggetti smarriti 오젯띠 즈마릿띠	- 유실물
oggi 옷지	(부) 오늘
- oggi come oggi 옷지 꼬메 옷지	- 요즘
ogni 온니	(형) 각각의, 모든

- **ogni anno**
  온니 안노
  – 매년

- **ogni giorno**
  온니 죠르노
  – 매일

- **ogni mese**
  온니 메제
  – 매달

- **ogni sera**
  온니 세라
  – 매일 저녁

- **ogni settimana**
  온니 세띠마나
  – 매주

- **ogni tanto**
  온니 딴또
  – 가끔, 때때로

ognuno
오뉴노
(대) 각자

Olanda
올란다
(여) 네덜란드

olandese
올란데제
(남), (여) 네덜란드 사람

olio
올리오
(남) 기름, 오일

- **olio di oliva**
  롤리오 디 올리바
  – 올리브유

oliva
올리바
(여) 올리브 열매

ombellico
옴벨리꼬
(남) 배꼽

ombra
옴브라
(여) 그림자

ombrello 옴브렐로	(남) 우산
ombrellone 옴브렐로네	(남) 파라솔
omeletta 오멜렛따	(여) 오믈렛
onda 온다	(여) 파도
onestà 오네스따	(여) 정직함
onesto 오네스또	(형) 정직한
onomastico 오노마스띠꼬	(형) 성인 축일의
onore 오노레	남) 명예
opale 오빨레	(남) 오팔(광물)
opera 오뻬라	(여) 작품, 오페라(음악)
- opera d'arte 오뻬라 다르떼	- 예술품
operaio 오페라이오	(남) 공장 노동자
operazione 오뻬라찌오네	(여) 작업, 수술
- operazione chiurgica 오뻬라찌오네 끼루르지까	- 수술

opinione 오삐니오네	(여) 의견
opporsi 오뽀르씨	(재귀동사) 반대하다
opzione 옵찌오네	(여) 옵션
ora 오라	(여) 시간
- a che ora 아 께 오라	- 몇시에
- all'ora 알로라	- 시간당
- ora di pranzo 오라 디 쁘란조	- 점심 시간
- ora di punta 오라 디 뿐따	- 러시아워
- ora esatta 오라 에삿따	- 정각
orario 오라리오	(남) 시간표
- in anticipo 인 안띠치뽀	- 미리
- in orario 인 오라리오	- 정시에
- in ritardo 인 리따르도	- 늦게
- orario dei voli 오라리오 데이 볼리	- 비행 스케줄

orata 오라따	(여) 조기(생선)
orchestra 오르께스뜨라	(여) 오케스트라
ordinare 오르디나레	(타동) 주문하다, 명령하다
ordine 오르디네	(남) 명령, 순서, 주문, 수도회
orecchini 오레끼니	(남.복) 귀걸이
orfana 오르파나	(여) 여자 고아
orfano 오르파노	(남) 남자 고아
organizzare 오르가니짜레	(타동) 개최하다, 조직하다
organizzazione 오르가니자찌오네	(여) 조직
origano 오리가노	(남) 오레가노(oregano 향료)
originale 오리지날레	(형) 원형의
origine 오리지네	(여) 기원
orizzonte 오리존떼	(남) 수평선
ornamento 오르나멘또	(남) 장식

ornare 오르나레	(타동) 장식하다
oro 오로	(남) 금(광물)
orologio 오롤로죠	(남) 시계
- orologio a muro 오롤로죠 아 무로	- 벽시계
- orologio da tavola 오롤로죠 다 따볼라	- 탁상 시계
orrecchio 오렉끼오	(남) 귀
orrecchioni 오레끼오니	(남.복) 이하선염
orso 오르소	(남) 곰(동물)
orzo 오르조	(남) 보리
oscuro 오스꾸로	(형) 어두운
ospedale 오스뻬달레	(남) 병원
ospite 오스삐떼	(남) 손님, 초대 손님
ospite vip 오스삐떼 빕	(남) 귀빈
osservatore 오세르바또레	(남) 관찰자, 옵저버

osservazione 오세르바찌오네	(여) 검사(檢査), 조사
ossigeno 오시제노	(남) 산소
ostello 오스뗄로	(남) 저렴한 가격의 숙소, 집, 조국
- ostello della gioventù 　오스뗄로 델라 죠벤뚜	– 유스호텔
ostrica 오스뜨리까	(여) 굴(해산물)
otorinolaringoiatra 오또리노라링고이아뜨라	(남), (여) 이비인후과 의사
ottimista 오띠미스따	(남), (여) 낙관주의자
ottimo 오띠모	(형) 최고로 좋은, 매우 훌륭한
otto 옷또	(형) 여덟의 (남) 여덟(8)
ottobre 오또브레	(남) 시월

pacchetto 빠껫또	(남) 꾸러미, 작은 크기의 소포, 짐
- fare un pacchetto regalo 파레 운 빠껫또 레갈로	- 선물 포장을 하다
pacco 빡꼬	(남) 소포
pace 빠체	(여) 평화
padadiso 빠라디조	(남) 천국
padella 빠델라	(여) 프라이팬, 요강
padiglione 빠딜리오네	(남) 홀(hall)
padre 빠드레	(남) 아버지, 신부(성당)
padrona 빠드로나	(여) 여주인
padrone 빠드로네	(남) 주인
paese natale 빠에제 나딸레	고향
paese 빠에제	(남) 마을

Paese 빠에제(이 경우 P자는 대문자)	(남) 국가, 나라
pagamento 빠가멘또	(남) 지불
pagare 빠가레	(타동) 지불하다
- pagare alla romana 빠가레 알라 로마나	- 각자 부담하다
pagina 빠지나	(여) 페이지, 쪽
palazzo 빨랏쪼	(남) 저택, 건물
- palazzo reale 빨랏쪼 레알레	- 궁(왕궁)
palla 빨라	(여) 공
- palla da tennis 빨라 다 떼니스	- 테니스 공
pallacanestro 빨라까네스뜨로	(남) 농구
pallavolo 빨라볼로	(남) 배구
pallido 빨리도	(형) 창백한
pallina da golf 빨리나 다 골프	(여) 골프공
palloncino 빨론치노	(남) 풍선

palmo 빨모	(남) 손바닥
palpebra 빨뻬브라	(여) 속눈썹
pancetta 빤쳇따	(여) 삼겹살
- pancetta affumicata 빤쳇따 아푸미까따	– 베이컨
panchina 빵끼나	(여) 벤치
pancia 빤쨔	(여) 배(신체의)
pane 빠네	(남) 빵
- pane integrale 빠네 인떼그랄레	– 통밀빵
panettiere 빠넷띠에레	(남) 제빵업자
panino 빠니노	(남) 이탈리아식 샌드위치
panna 빤나	(여) 크림(cream 우유에서 나온)
pannolino 빤놀리노	(남) 기저귀
panorama 빠노라마	(남) 경치, 풍경
pantalloncini 빤딸론치니	(남.복) 운동복(하의)

pantaloni 빤딸로니	(남.복) 바지
pantofole 빤또폴레	(여.복) 슬립퍼
papa di avena 빠빠 디 아베나	오트밀
papà 빠빠	(남) 아빠
papagallo 빠빠갈로	(남) 앵무새
paralisi 빠랄리지	(여) 마비
paraurto 빠라우르또	(남) 범퍼(자동차)
parcheggiare 빠르께좌레	(타동) 주차하다
parcheggio 빠르겟죠	(남) 주차장
parco 빠르꼬	(남) 공원
- Parco nazionale 빠르꼬 나찌오날레	– 국립 공원
pareggiare 빠레좌레	(타동) 비기다
parente 빠렌떼	(남) 친척
parlamento 빠를라멘또	(남) 국회

parlare 빠를라레	(자동) 말하다
- **parlare ad alta voce** 빠를라레 아달따 보체	- 크게 말하다
- **parlare a bassa voce** 빠를라레 아 밧사 보체	- 작게 말하다
parola 빠를로라	(여) 말(언어)
parrucca 빠루까	(여) 가발
parrucchiere 빠루끼에레	(남) 미장원
parte 빠르떼	(여) 부분, 몫
- **parte anteriore** 빠르떼 안떼리오레	- 앞쪽
- **parte posteriore** 빠르떼 뽀스떼리오레	- 뒤쪽
partecipante 빠르떼치빤떼	(형) 참가한 (남) 참가자
partecipare 빠르떼치빠레	(자동) 참가하다
partenza 빠르뗀자	(여) 출발, 출국
partire 빠르띠레	(자동) 출발하다, 떠나다
partita 빠르띠따	(여) 경기(競技)

- **partita di calcio**
  빠르띠따 디 깔쵸
- 축구 경기

- **partita finale**
  빠르띠따 피날레
- 결승전

partito
빠르띠또
(남) 정당

partorire
빠르또리레
(타동) 출산하다

Pasqua
빠스꽈
(여) 부활절

passaggio
빠삿죠
(남) 통과, 통로

passante
빠산떼
(남) 행인

passaporto
빠사뽀르또
(남) 여권

passare
빠사레
(자동) 시간이 흐르다
(타동) ~을/를 통과하다

passato
빠사또
(남) 과거 (형) 과거의, 지난

passeggero
빠세제로
(남) 승객

- **passeggero in transito**
  빠세제로 인 뜨란지또
- 통과 승객

passeggiare
빠세좌레
(자동) 산책하다

passeggiata
빠세좌따
(여) 산책

passione 빳시오네	(여) 열정
passivo 빳시보	(형) 수동적인
passo 빳소	(남) 고개(지형), 발걸음
passato 빠사또	(형) 지난 (남) 과거
pasticceria 빠스띠체리아	(여) 다과점, 제과기술
pastiglia 빠스띨랴	(여) 정제(錠劑), 알약
pasto 빠스또	(남) 식사
- pasto completo 빠스또 꼼쁠레또	- 풀코스 식사
patata dolce 빠따따 돌체	(여) 고구마
patata 빠따따	(여) 감자
- patatina fritta 빠따띠나 프릿따	- 감자튀김
patente 빠뗀떼	(여) 면허증
- patente di guida 빠뗀떼 디 구이다	- 운전 면허증
patto 빳또	(남) 계약, 협정

pattumiera 빠뚜미에라	(여) 쓰레받기
paura 빠우라	(여) 두려움
pauroso 빠우로조	(형) 두려운
pavimento 빠비멘또	(남) 바닥
pavone 빠보네	(남) 공작(새)
paziente 빠찌엔떼	(남) 환자
pazienza 빠찌엔짜	(여) 인내심
pazzo 빳조	(형) 미친, 정신나간 (남) 미친 남자
peccato 뻬까또	(여) 죄
pecora 뻬꼬라	(여) 암양
pediatra 뻬디아뜨라	(남) 소아과 의사
pedone 뻬도네	(남) 보행자
pelare 뻴라레	(타동) 껍질을 벗기다
pelle 뻴레	(여) 가죽, 피부

- pelle morta 뻴레 모르따	– 때(몸의)
pellegrino 뻴레그리노	(남) 순례자
pellicola 뻴리꼴라	(여) 필름
- pellicola a colori 뻴리꼴라 아 꼴로리	– 컬러 필름
- pellicola in bianco e nero 뻴리꼴라 인 비앙꼬 에 네로	– 흑백 필름
penisola 뻬니솔라	(여) 반도
penna 뻰나	(여) 펜
- penna stilografica 뻰나 스띨로그라피까	– 만년필
pennello 뻰넬로	(남) 붓
pensare 뻰사레	(자동) 생각하다 (타동) ~을/를 상상하다
pensiero 뻰시에로	(남) 생각
pensione 뻰시오네	(여) 펜션
- pensione completa 뻰시오네 꼼쁠레따	– 풀보드(full board)
pentirsi 뻰띠르시	(재귀동사) 후회하다

pentola 뻰똘라	(여) 냄비
pepe 뻬뻬	(남) 후추
peperoncino 뻬뻬론치노	(남) 고추
- **la polvere di peperoncino** 라 뽈베레 디 뻬뻬론치노	- 고춧가루
- **la salsa di peperoncino** 라 살사 디 뻬뻬론치노	- 고추장
peperone 뻬뻬로네	(남) 피망
pera 뻬라	(여) 배(과일)
perché 뻬르께	(접) 왜, 왜냐하면 (명) 이유
perciò 뻬르쵸	(접) 그래서
perdere 뻬르데레	(타동) 놓치다, 잃다
- **perdere il volo** 뻬르데레 일 볼로	- 비행기를 놓치다
- **perdere la strada** 뻬르데레 라 스뜨라다	- 길을 잃다
perdonare 뻬르도나레	(타동) 용서하다
perdono 뻬르도노	(남) 용서

perfettamente 뻬르펫따멘떼	(부) 완전히
perfetto 뻬르펫또	(형) 완전한
perfezione 뻬르페찌오네	(여) 완전함, 완벽함
pericolosità 뻬리꼴로시따	(여) 위험
pericoloso 뻬리꼴로조	(형) 위험한
periferia 뻬리페리아	(여) 교외
periodo 뻬리오도	(남) 기간
- periodo di granzia 뻬리오도 디 가란찌아	- 보증 기간
perla 뻬를라	(남) 진주
permanente 뻬르마넨떼	(여) 파마 (형) 영구적인, 지속적인
- fare la permanente 파레 라 뻬르마넨떼	- 파마를 하다
permesso 뻬르멧소	(남) 허가, 허가장
permettere 뻬르멧떼레	(타동) 허가하다
pero 뻬로	(남) 배나무

però 뻬로	(접) 하지만
persona 뻬르소나	(여) 사람, 개인
personale 뻬르소날레	(형) 사람과 관련된
- personale dell'accettazione 뻬르소날레 델라체따찌오네	- 프런트 직원
Perù 뻬루	(남) 페루
peruviana 뻬루비아나	(여) 페루 여자
peruviano 뻬루비아노	(남) 페루 남자
pesante 뻬잔떼	(형) 무거운
pesca 뻬스까	(여) 낚시, 어업, 복숭아
pesce 뻬쉐	(남) 물고기, 생선
- pesce dorato 뻬쉐 도라또	- 금붕어
- pesce spada 뻬쉐 스빠다	- 황새치
pescheria 뻬스께리아	(여) 생선 가게
pescivendolo 뻬쉬벤돌로	(남) 생선 장수

peso 뻬조	(남) 중량, 무게
pessimista 뻬시미스따	(남) 비관주의자
pettinarsi 뻬띠나르시	(재귀동사) 빗다
pettine 뻬띠네	(남) 빗
petto 뻿또	(남) 가슴
pezzo 뻿쪼	(남) 부품, 조각
- pezzi di ricambi 뻿찌 디 리깜비	- 스페어 파트
piacere 삐아체레	(남) 기쁨, 쾌락 (자동) 좋아하다
- Molto piacere! 몰또 삐아체레!	- 만나서 매우 반갑습니다!
pianeta 삐아네따	(여) 행성
piangere 삐안제레	(자동) 울다
- Non piangere! 논 삐안제레!	- 울지 마라!
pianista 삐아니스따	(남), (여) 피아니스트
piano 삐아노	(남) 층 (부) 천천히, 작은 소리로

- **piano inferiore**
  삐아노 인페리오레
  − 아래층

- **piano superiore**
  삐아노 수뻬리오레
  − 위층

pianoforte
삐아노포르떼
(남) 피아노

- **pianoforte a coda**
  삐아노포르떼 아 꼬다
  − 그랜드 피아노

pianta
삐안따
(여) 지도, 식물

- **pianta della metro**
  삐안따 델라 메뜨로
  − 지하철 노선도

piantare
삐안따레
(타동) 심다, 박다

pianto
삐안또
(남) 울음

pianura
삐아누라
(여) 평야

piatto
삐앗또
(남) 접시, 음식

piazza
삐앗자
(여) 광장

piccante
삐깐떼
(형) 매운

piccione
삐쵸네
(남) 비둘기

piccolo
삐꼴로
(형) 작은

- piccola media impresa 삐꼴라 메디아 임쁘레자	– 중소기업
pidocchio 삐독끼오	(남) 이(곤충)
piede 삐에데	(남) 발
pigiatura 삐좌뚜라	(여) 포도 으깨기
pigro 삐그로	(형) 게으른 (남) 게으름뱅이
pila 삘라	(여) 건전지
pilota 삘로따	(남) 조종사
pinacoteca 삐나꼬떼까	(여) 미술관
ping-pong 삥뽕	(남) 탁구
pinguino 삥귀노	(남) 펭귄
pinne 삔네	(여.복) 물갈퀴(잠수용)
pino 삐노	(남) 소나무
pinolo 삐놀로	(남) 잣
pinze 삔쩨	(여.복) 펜치(pliers)

pinzatrice 삔짜뜨리체	(여) 스탬플러
pioggia 삐오좌	(여) 비(雨)
piombo 삐옴보	(남) 납
- senza piombo 센자 삐옴보	- 무연의
piovere 삐오베레	(비인칭 동사) 비가 오다
piovosità 삐오보시따	(여) 강수량
pipì 삐삐	(여) 소변
piscina 삐쉬나	(여) 수영장
pisello 삐젤로	(남) 완두콩
pisolino 삐졸리노	(남) 낮잠
pista 삐스따	(여) 활주로
pittore 삐또레	(남) 화가(畫家)
più 쀼	(부) 더 (형) 더 많은 (대) 더 첨부한 것. (남) 더 중요한 것
piumone 쀼모네	(남) 이불

pizza 삣짜	(여) 피자
pizzeria 삣쩨리아	(여) 피자 가게
plurale 뿔루랄레	(남) 복수(複數) (형) 복수(複數)의
pneumatico 쁘네우마띠꼬	(남) 타이어
poco 뽀꼬	(형) 적은 (대) 적은 수량 (부) 적게
- poco fa 뽀꼬 파	- 조금 전, 방금 전
podere 뽀데레	(남) 농장
poesia 뽀에지아	(여) 시(詩)
poeta 뽀에따	(남), (여) 시인
poi 뽀이	(부) 그러고 나서 (남) 미래
- d'ora in poi 도라 인 뽀이	- 지금부터
polio 뽈리오	(여) 소아마비
Politecnico 뽈리떼끄니꼬	(남) 공과대학
politica 뽈리띠까	(여) 정치, 정책

politico 뽈리띠꼬	(남) 정치인
polizia 뽈리찌아	(여) 경찰
pollice 뽈리체	(남) 엄지손가락
polline 뽈리네	(남) 꽃가루
pollo 뽈로	(남) 닭고기, 치킨
polmone 뽈모네	(남) 폐(의학)
polmonite 뽈모니떼	(여) 폐렴
polo nord 뽈로 노르드	북극
polo sud 뽈로 수드	남극
polpaccio 뽈빠쵸	(남) 종아리
polpo 뽈뽀	(남) 문어(생선)
polso 뽈소	(남) 손목
poltrona 뽈뜨로나	(여) 소파, 안락의자
polvere 뽈베레	(여) 가루, 먼지

pomata 뽀마따	(여) 연고
pomeriggio 뽀메릿죠	(남) 오후
pomodoro 뽀모도로	(남) 토마토
pompa 뽐빠	(여) 펌프
pompelmo 뽐뻴모	(남) 자몽, 자몽 나무
ponte 뽄떼	(남) 교량, 다리
popolazione 뽀뽈라찌오네	(여) 인구
popolo 뽀뽈로	(남) 국민
porre 뽀레	(타동) 놓다, 두다
porro 뽀로	(남) 부추, 대파
porta 뽀르따	(여) 문
portabagagli 뽀르따바갈리	(남) 짐꾼, 포터
portacenere 뽀르따체네레	(남) 재털이
portafoglio 뽀르따폴리오	(남) 지갑

portamoneta 뽀르따모네따	(여) 동전 지갑
portare 뽀르따레	(타동) 가져오다, 가져가다, 신다(신발을). 입다(옷을)
portasciugamano 뽀르따슈가마노	(남) 타월걸이
portata 뽀르따따	(여) 용량, 범위
portiere 뽀르띠에레	(남) 골키퍼, 문지기
porto 뽀르또	(남) 항구
posacenere 뽀자체네레	(남) 재털이
positivo 뽀지띠보	(형) 긍정적인
possessivo 뽀세시보	(남) 소유격
possibilità 뽀씨빌리따	(여) 가능성
posta 뽀스따	(여) 우편
- posta aerea 뽀스따 아에레아	- 항공 우편
- posta elettronica 뽀스따 엘레뜨로니까	- 이메일
- posta prioritaria 뽀스따 쁘리오리따리아	- 빠른 우편

posteriore 뽀스떼리오레	(형) 후위의
posteriorità 뽀스떼리오리따	(여) 후행성
postino 뽀스띠노	(남) 우체부
posto 뽀스또	(남) 자리, 좌석
potatura 뽀따뚜라	(여) 가지치기
potente 뽀뗀떼	(형) 강력한
potenza 뽀뗀짜	(여) 세기(힘)
potenzialità 뽀뗀찌알리따	(여) 잠재력
potere 뽀떼레	(조동사) 할 수 있다 (남) 권력, 힘
povero 뽀베로	(형) 가난한, 불쌍한
povertà 뽀베르따	(여) 가난
pranzo 쁘란조	(남) 점심(식사)
- pranzo di nozze 쁘란조 디 노쩨	결혼 피로연
- fare pranzo 파레 쁘란조	– 점심 식사를 하다

pratica 쁘라띠까	(여) 실습
praticare 쁘라띠까레	(타동) 실습하다, 연습하다
pratico 쁘라띠꼬	(형) 실용적인
prato 쁘라또	(남) 잔디밭
precedente 쁘레체덴떼	(형) 이전의
preciso 쁘레치조	(형) 정확한
precoce 쁘레꼬체	(형) 조숙한
predicato 쁘레디까또	(남) 술어(서술어)
preferire 쁘레페리레	(타동) 선호하다
prefisso 쁘레핏소	(남) 지역 번호(전화), 국번
pregare 쁘레가레	(타동) 기원하다, 기도하다, 간청하다
preghiera 쁘레기에라	(여) 기도
Prego! 쁘레고!	천만에요!
premere 쁘레메레	(타동) 누르다

premio 쁘레미오	(남) 상(賞)
prendere 쁘렌데레	(타동) 갖다, 먹다, 마시다, 타다(버스 등)
- prendere il sole 쁘렌데레 일 솔레	- 일광욕을 하다
- prendere il taxi 쁘렌데레 일 딱시	- 택시를 타다
- prendere il volo 쁘렌데레 일 볼로	- 비행기를 타다
- prendere in affitto una camera 쁘렌데레 인 아핏또 우나 까메라	- 방을 빌리다
- prendere la coincidenza 쁘렌데레 라 꼬인치덴자	- 바꿔타다(교통 수단)
- prendere la macchina 쁘렌데레 라 마끼나	- 차(자동차)를 타다
- prendere un tè 쁘렌데레 운 떼	- 차를 마시다
prenotare 쁘레노따레	(타동) 예약하다
prenotazione 쁘레노따찌오네	(여) 예약
preoccuparsi 쁘레오꾸빠르시	(재귀동사) 걱정하다
preoccupato 쁘레오꾸빠또	(형) 걱정스런
preoccupazione 쁘레오꾸빠지오네	(여) 걱정, 근심

preparare 쁘레빠라레	(타동) 준비하다
preparazione 쁘레빠라찌오네	(여) 준비
preposizione 쁘레뽀지찌오네	(여) 전치사(문법)
presbite 쁘레스비떼	(형) 원시의(눈)
presentare 쁘레젠따레	(타동) 소개하다
presentarsi 쁘레젠따르시	(재귀동사) 출석하다, 참석하다
presentazione 쁘레젠따찌오네	(여) 소개
presente 쁘레젠떼	(형) 출석한, 참석한 (남) 현재
preservativo 쁘레세르바띠보	(남) 콘돔
presidente 쁘레지덴떼	(남) 대통령, 사장
pressione 쁘레시오네	(여) 압력
- pressione sanguigna 쁘레시오네 상귀냐	- 혈압
prestare 쁘레스따레	(타동) 빌리다
prestigioso 쁘레스띠죠조	(형) 고귀한, 고급스런

prestito 쁘레스띠또	(남) 대여
presto 쁘레스또	(부) 빨리, 일찍
prete 쁘레떼	(남) 사제, 신부
prevenire 쁘레베니레	(타동) 예방하다
preventivo 쁘레벤띠보	(남) 견적
prevvedere 쁘레베데레	(타동) 예측하다
prezzo 쁘렛쪼	(남) 가격
- prezzo alto 쁘렛쪼 알또	- 높은 가격
- prezzo attuale 쁘렛쪼 아뚜알레	- 시세
prigione 쁘리죠네	(여) 감옥
prima 쁘리마	(부) 먼저
- prima del pasto 쁘리마 델 빠스또	- 식전, 식사 이전
primavera 쁘리마베라	(여) 봄
primitivo 쁘리미띠보	(형) 원시적인

primo 쁘리모	(형) 첫번째의. (남) 첫 날
- prima classe 쁘리마 끌랏세	- 일등석
- primo amore 쁘리모 아모레	- 첫사랑
- primo piatto 쁘리모 삐앗또	- 일차 요리
principe 쁘린치뻬	(남) 왕자
principiante 쁘린치삐안떼	(남) 초보자, 견습공
principio 쁘린치삐오	(남) 처음
privato 쁘리바또	(형) 사적인
probabile 쁘로바빌레	(형) 가능한
probabilmente 쁘로바빌멘테	(부) 아마도
problema 쁘로블레마	(남) 문제
processo 쁘로쳇소	(남) 소송
procuratore 쁘로꾸라또레	(남) 검사(檢事)
prodotto 쁘로돗또	(남) 생산, 제품, 상품

- prodotto biologico 쁘로돗또 비올로지꼬	- 유기농 제품
- prodotto locale 쁘로돗또 로깔레	- 토산품, 지역 제품
- prodotto speciale 쁘로돗또 스뻬치알레	- 특제품
produrre 쁘로두레	(타동) 생산하다
produttività 쁘로두띠비따	(여) 생산성
produttore 쁘로두또레	(남) 생산자
professionale 쁘로페시오날레	(형) 전문적인
professionista 쁘로페시오날리스따	(남), (여) 전문가
professione 쁘로페시오네	(여) 직업
professore 쁘로페소레	(남) 교수, 선생님
- professoressa 쁘로페소레사	- (여) 여교수, 여선생님
profondità 쁘로폰디따	(여) 깊이
profondo 쁘로폰도	(형) 깊은, 심오한
profumato 쁘로푸마또	(형) 향기로운

profumo 쁘로푸모	(남) 향기, 향수(화장품)
progetto 쁘로젯또	(남) 계획, 프로젝트
proggettare 쁘로제따레	(타동) 계획하다
programma 쁘로그람마	(남) 스케줄, 프로그램
programmatore 쁘로그람마또레	(남) 프로그래머
programmatrice 쁘로그람마뜨리체	(여) 여자 프로그래머
programmazione 쁘로그람마찌오네	(여) 프로그래밍
progressista 쁘로그레시스따	(남) 진보주의자
progresso 쁘로그렛소	(남) 진보
proibire 쁘로이비레	(타동) 금지하다
proiettore 쁘로옛또레	(남) 영사기
prolunga 쁘로룽가	(여) 익스텐션코드
promessa 쁘로멧사	(여) 약속
promettere 쁘로멧떼레	(타동) 약속하다

pronome 쁘로노메
(남) 대명사(문법)

pronto 쁘론또
(형) 준비된

- **pronto soccorso** 쁘론또 소꼬르소
− 응급실

- **Pronto!** 쁘론또!
− 여보세요!(전화)

pronuncia 쁘로눈치아
(여) 발음

proprietà 쁘로쁘리에따
(여) 재산

proprio 쁘로쁘리오
(형) 자신의. (부) 정말로

prosciutto 쁘로슛또
(남) 햄(Ham 고기)

prossimo 쁘로씨모
(형) 가까운, 다음의 (남) 이웃

- **prossima settimana** 쁘로씨마 세띠마나
− 다음 주

- **prossima volta** 쁘로씨마 볼따
− 다음 번

- **prossimo anno** 쁘로씨모 안노
− 다음 해

- **prossimo mese** 쁘로씨모 메제
− 다음 달

proteina 쁘로떼이나
(여) 단백질

protestare 쁘로떼스따레	(타동) 저항하다
prova 쁘로바	(여) 증거, 테스트, 시도
provare 쁘로바레	(타동) 시도하다
proverbio 쁘로베르비오	(남) 격언, 속담
provigione 쁘로비지오네	(여) 수수료
provincia 쁘로빈촤	(여) 지방, 지역
prurito 쁘루리또	(남) 가려움
psicologia ㅍ시꼴로지아	(여) 심리학
psicologo ㅍ시꼴로고	(남) 심리학자
possibile 뽀시빌레	(형) 가능한
- essere possibile 에쎄레 뽀씨빌레	- 가능하다
- se possibile 세 뽀씨빌레	- 가능하다면
- al più presto possibile 알 쀼 쁘레스또 뽀씨빌레	- 가능한한 빨리
pubblicare 뿌블리까레	(타동) 출판하다

pubblicazione 뿌블리까찌오네	(여) 출판물
pubblicazione 뿌블리까찌오네	(여) 출판
pubblicità 뿌블리치따	(여) 광고
- fare pubblicità 파레 뿌블리치따	- 광고를 하다
pubblico 뿌블리꼬	(형) 공공의. (남) 관객
pugilato 뿌질라또	(남) 권투
pugile 뿌질레	(남) 권투 선수
pugno 뿌뇨	(남) 주먹
pulcino 뿔치노	(남) 병아리
pulire 뿔리레	(타동) 닦다, 청소하다
pulito 뿔리또	(형) 깨끗한
pullman 뿔망	(남) 버스, 시외버스
pulpito 뿔삐또	(남) 강단, 연단
pulsante 뿔산떼	(남) 스위치, 보턴

- pulsante di scatto 뿔산떼 디 스깟또	- 셔터(사진기)
pungere 뿐제레	(타동) 찌르다
punizione 뿌니찌오네	(여) 벌(형벌)
punto 뿐또	(남) 마침표
- punto di incontro 뿐또 디 인꼰뜨로	- 만남의 장소
- punto di vista 뿐또 디 비스따	- 관점
- punto interrogativo 뿐또 인떼로가띠보	- 물음표
puntuale 뿐뚜알레	(형) 정시의
pupazzo 뿌빠쪼	(남) 인체 모형, 인형
- pupazzo di neve 뿌빠쪼 디 네베	- 눈사람
purificazione 쁘리피까찌오네	(여) 정제(精製)
puro 뿌로	(형) 순수한
purtroppo 뿌르뜨롭뽀	(부) 불행히도

q

qua 꽈	(부) 여기
quaderno 꽈데르노	(남) 노트, 공책
quadrato 꽈드라또	(형) 네모난
quadro 꽈드로	(남) 그림
qualche 꽐께	(형) 몇몇의
- qualche anno 꽐께 안노	- 몇 년
- qualche giorno 꽐께 죠르노	- 며칠
- qualche mese 꽐께 메제	- 몇 달
- qualche settimana 꽐께 세띠마나	- 몇 주
quale 꽐레	(형) 어느 것의 (대) 어느 것
qualità 꽐리따	(여) 품질
quando 꽌도	(접) (부) 언제, 때

quantità 꽌띠따	(여) 수량, 양
- **quantità minima** 꽌띠따 미니마	- 최소 수량
quanto 꽌또	(형) 얼마의 (대) 얼마 만큼
quaranta 꽈란따	(남) 사십(40) (형) 사십의
Quaresima 꽈레지마	(여) 사순절
quarto 꽈르뜨	(형) 네 번째의
quasi 꽈지	(부) 거의
quattro 꽈뜨로	(남) 사(4) (형) 네개의
quattrocento 꽈뜨로첸또	(남) 사백(400) (형) 사백의
quello 꿸로	(형) 저것의(지시형용사) (대) 저것(지시대명사)
questione 꿰스띠오네	(여) 의문
questo 꿰스또	(형) 이 (대) 이것
- **questo libro** 꿰스또 리브로	- 이 책
- **questa mattina** 꿰스따 마띠나	- 오늘 아침

- questa notte 퀘스따 놋떼	– 오늘 밤
- questa sera 퀘스따 세라	– 지난 밤, 오늘 밤
- quest'anno 퀘스딴노	– 올해
qui 뀌	(부) 여기
quinto 뀐또	(형) 다섯째의 (남) 다섯번째
quotazione 꿔싸찌오네	(여) 상장(주식)
quotidiano 꿔띠디아노	(남) 일간지

racchetta
라껫따
(여) 라켓

- racchetta da tennis
라껫따 다 뗀니스
- 테니스라켓

raccogliere
라꼴례레
(타동) 모으다, 줍다, 수확하다

raccolto
라꼴또
(남) 모음

- raccolto di poesie
라꼴또 디 뽀에지에
- 시집(詩集)

raccomandare
라꼬만다레
(타동) 권하다

raccontare
라꼰따레
(타동) 이야기를 하다

racconto
라꼰또
(남) 이야기, 단편 소설

radice
라디체
(여) 뿌리

- radice del dente
라디체 델 덴떼
- 이뿌리

radio
라디오
(여) 라디오

raffreddore 라프레도레	(남) 감기
- la medicina per raffreddore 라 메디치나 뻬르 라프레도레	- 감기약
ragazza 라가짜	(여) 소녀, 여자 친구(애인 관계)
ragazzo 라가쪼	(남) 소년, 남자 친구(애인 관계)
raggio 랏죠	(남) 광선
ragionevole 라죠네볼레	(형) 정당한, 합리적인, 값이 적당한
rallentare 란렌따레	(타) 줄이다, 늦추다 (자) 천천히 가다
- rallentare la velocità 란렌따레 라 벨로치따	- 속도를 줄이다
ramo 라모	(나) 나뭇가지
rana 라나	(여) 개구리
rapa 라빠	(여) 무우
rapido 라삐도	(형) 빠른
rapinatore 라삐나또레	(남) 강도
rappresentante 라쁘레젠딴떼	(여) 대표자

raramente 라라멘떼	(부) 드물게
rasoio 라조이오	(남) 면도기
raviolo 라비올로	(남) 만두
razza 라짜	(여) 민족(인종)
re 레	(남) 왕, 임금
realizzabile 레알리자빌레	(형) 실현가능한
realizzare 레알리자레	(타동) 실현하다
realizzazione 레알리자찌오네	(여) 실현
realtà 레알따	(여) 현실
recentemente 레첸떼멘떼	(부) 최근에
reception 리셉션	(남) 프론트, 리셉션
reciproco 레치쁘로꼬	(형) 상호적인
recuperare 레꾸뻬라레	(타동) 복구하다
regalare 레갈라레	(타동) 선물하다

regalo 레갈로	(남) 선물
reggiseno 레지세노	(남) 브래지어
regia 레지아	(여) 영화 감독
regina 레지나	(여) 왕비
regione 레지오네	(남) 지방
registrare 레지스뜨라레	(타동) 녹음하다
registratore 레지스뜨라또레	(남) 녹음기
registrazione 레지스뜨라찌오네	(여) 녹음
registro 레지스뜨로	(남) 숙박부
regola 레골라	(여) 규칙
regolare 레골라레	(형) 규칙적인, 규칙의
relativamente 렐라띠바멘떼	(부) 상대적으로
relativo 렐라띠보	(형) 상대적인
relazione 렐라찌오네	(여) 관계, 보고서, 연관

religione 렐리죠네	(여) 종교
rendere 렌데레	(타동) 주다
resistente 레지스뗀떼	(형) 견고한
resistere 레지스떼레	(자동) 견디다
respiro 레스삐로	(남) 호흡
responsabilità 레스뽄사빌리따	(여) 책임감
restare 레스따레	(자동) 머물다
resto 레스또	(남) 나머지
rete 레떼	(여) 그물
rettile 레띨레	(남) 파충류
riccio 릿쵸	(남) 성게
ricco 리꼬	(형) 부유한
ricerca 리체르까	(여) 연구
ricercare 리체르까레	(타동) 연구하다

ricetta 라 리쳇따	(여) 처방전, 레시피
ricevere 리체베레	(타동) 받다
- ricevere la lettera 리체베레 라 레떼라	- 편지를 받다
ricevuta 리체부따	(여) 영수증
riconoscere 리꼬노쉐레	(타동) 알아보다
ricordare 리꼬르다레	(타동) 기억하다
ricordo 리꼬르도	(남) 기억, 추억
ricostituente 리꼬스띠뚜엔떼	(남) 강장제
ricoverare 리꼬베라레	(타동) 입원하다
ricovero 리꼬베로	(남) 입원
ridere 리데레	(자동) 웃다
riempimento 리엠삐멘또	(남) 보충
riempire 리엠삐레	(타동) 보충하다
rifiutare 리퓨따레	(타동) 거절하다, 거부하다

riflessione 리플레시오네	(여) 반응
rifornimento 리포르니멘또	(남) 보충
rifornire 리포르니레	(타동) 보충하다
riga 리가	(여) 가르마
righello 리겔로	(남) 자(길이를 재는)
rigido 리지도	(형) 엄한
rimandare 리만다레	(타동) 연기하다, 미루다
rimanere 리마네레	(자동) 남다
rimborsare 림보르사레	(타동) 환불하다
rimborso 림보르소	(남) 환불
rimorchiare 리모르끼아레	(타동) 견인하다
rimorchio 리모르끼오	(남) 견인
ring 링	(남) 링(권투)
ringhiera 링기에라	(여) 난간

ringraziamento 링그라찌아멘또	(남) 감사
ringraziare 링그라찌아레	(타동) 고마워하다
ripagare 리빠가레	(타동) 갚다
riparare 리빠라레	(타동) 수리하다, 손질하다
riparazione 리빠라찌오네	(여) 수리
ripensare 리뻰사레	(자동) 다시 생각하다 (타동) ~을/를 재고하다
ripetere 리뻬떼레	(타동) 반복하다
riposarsi 리뽀자르시	(재귀동사) 휴식을 취하다
riposo 리뽀조	(남) 휴식
ripostiglio 리뽀스띨료	(남) 창고
risaia 라자이아	(여) 논
riscaldamento 리스깔다멘또	(남) 난방, 히터
riso 리조	(남) 쌀, 웃음
- riso bianco 리조 비앙꼬	- 쌀밥

risolvere 리졸베레	(타동) 해결하다
risorsa 리소르사	(여) 자원
- risorse naturali 리소르세 나뚜랄리	- 천연자원
risparmiare 리스빠르미아레	(타동) 저금하다, 절약하다
risparmio 리스빠르미오	(남) 저금, 절약
rispettare 리스뻬따레	(타동) 존경하다
rispondere 리스뽄데레	(자동) 답장하다, 대답하다
- rispondere alla lettera 리스뽄데레 알라 렛떼라	- 편지에 답장을 하다
risposta 리스뽀스따	(여) 대답, 답변
ristorante 리스또란떼	(남) 식당
- ristorante coreano 리스또란떼 꼬레아노	- 한국 식당
- ristorante italiano 리스또란떼 이딸리아노	- 이태리 식당
risultato 리줄따또	(남) 결과
- risultato della partita 리줄따또 델라 빠르띠따	- 경기 결과

ritardo 리따르도	(남) 지각, 늦음
ritirare 리띠라레	(타동) 인출하다, 후퇴하다
ritmo 리뜨모	(남) 리듬
ritratto 리뜨랏또	(남) 초상화
riunificazione 리우니피까찌오네	(여) 통일
riunione 리우니오네	(여) 회의, 모임
rivelare 리벨라레	(타동) 밝혀내다
rivenditore 리벤디또레	(남) 소매상
rivista 리비스따	(여) 잡지
- rivista mensile 리비스따 멘실레	- 월간지
- rivista settimanale 리비스따 세띠마날레	- 주간지
rivoluzione 리볼루찌오네	(여) 혁명
roba 로바	(여) 물건
robot 로보뜨	(남) 로봇

Romania 로마니아   (여) 루마니아

romantico 로만띠꼬   (형) 낭만적인

romanziere 로만지에레   (남) 소설가

romanzo 로만조   (남) 소설

rombare 롬바레   (자동) 털털거리다

romena 로메나   (여) 루마니아 여자

- la lingua romena 라 링구아 로메나   – 루마니아어

romeno 로메노   (남) 루마니아 남자, 루마니아어

rompere 롬뻬레   (타동) 부수다

rosa 로자   (여) 장미 (형) 분홍색의 (남) 분홍색, 장미색

rosario 로자리오   (남) 묵주

rossetto 로셋또   (남) 립스틱

rosso 롯소   (형) 붉은 색의 (명) 붉은 색

rotondo 로똔도   (형) 둥근

rubare 루바레	(타동) 훔치다
rubino 루비노	(남) 루비(광물)
ruga 루가	(여) 주름
rullino 룰리노	(남) 롤필름
rum 룸	(남) 럼주
rumore 루모레	(남) 소음, 잡음
rumoroso 루모로조	(형) 시끄러운
ruolo 루올로	(남) 역할
ruota 루오따	(여) 바퀴
- ruota di scorta 루오따 디 스꼬르따	- 스페어타이어, 예비 바퀴
ruscello 루쉘로	(남) 냇물
Russia 룻시아	(여) 러시아
russo 룻소	(남) 러시아 남자, 러시아어
russa 룻사	(여) 러시아 여자

- **la lingua russa** — 러시아어
라 링구아 룻사

S

sabato 사바또 — (남) 토요일

sabbia 삽비아 — (여) 모래

sacchetto dell'immondizia 사껫또 델림몬디찌아 — 쓰레기 봉투

sacco 사꼬 — (남) 보따리

- sacco a pelo 사꼬 아 뻴로 — - 침낭

S'accomodi! 사꼬모디! — 앉으세요!

sacrificare 사끄리피까레 — (타동) 희생하다

sacrificio 사끄리피치오 — (남) 희생

sala 살라 — (여) 응접실

- sala da billiardo 살라 다 빌리아르도 — - 당구장

- sala da cucina 살라 다 꾸치나 — - 주방

- sala da karaoke 살라 다 까라오께 — - 노래방

251

- **sala d'attesa**
  살라 다떼자
  − 대합실

salame
살라메
(남) 숙성된 소시지

salario
살라리오
(남) 월급

salato
살라또
(형) 짠(맛)

saldo
살도
(남) 계좌 잔액, 차액

sale
살레
(남) 소금

salina
살리나
(여) 염전

salire
살리레
(타동) 올라가다, (자동) 오르다

saliva
살리바
(여) 침, 타액

salmone
살모네
(남) 연어(생선)

- **salmone affumicato**
  살모네 아푸미까또
  − 훈제 연어

salotto
살로또
(남) 라운지, 거실

salsa
살사
(여) 소스(sauce)

- **salsa di soia**
  살사 디 소이아
  − 간장

salsiccia 살시치아	(여) 익히지 않은 소시지
saltare 살따레	(자동) 점프하다 (타동) ~을/를 뛰어 넘다
salutare 살루따레	(타동) 인사를 하다
salute 살루떼	(여) 건강
Salute! 살루떼!	건배!
saluto 살루또	(남) 인사
salvagente 살바젠떼	(여) 구명대
salvare 살바레	(타동) 구조하다, 구출하다
salvezza 살베짜	(여) 구조(救助)
salvia 살비아	(여) 샐비어(sage 향료)
sangue 상구에	(남) 피(혈액)
sano 사노	(형) 건강한
santo 산또	(남) 남자 성인(종교). (형) 신성한
santa 산따	(여) 여자 성인 (형) 신성한

sapere 사뻬레	(타동) 알다
sapone 사뽀네	(남) 비누
- sapone di polvere 사뽀네 디 뽈베레	- 가루비누
sapore 사뽀레	(남) 풍미
sassofono 사소포노	(남) 색소폰(혼)
sbagliare 즈발리아레	(타동) 잘못하다 (자동) 실수를 하다
sbaglio 즈발리오	(남) 실수
sbarcare 즈바르까레	(자동) 배에서 내리다
sbollentare 즈볼렌따레	(타동) 데치다
sbrigarsi 즈브리가르시	(재귀동사) 서두르다
Sbrigati! 즈브리가띠!	서둘러라!
scacchi 스까끼	(남.복) 장기(체스)
scacchiera 스까끼에라	(여) 장기판
scadenza 스까덴짜	(여) 유효기간

scaffale 스까팔레	(남) 선반, 책장
scala 스깔라	(여) 사다리, 계단
- scala mobile 스깔라 모빌레	- 에스칼레이터
scambio 스깜비오	(남) 교환
- scambio commerciale 스깜비오 꼬메르치알레	- 무역
scandalo 스깐달로	(남) 스캔들
scarafaggio 스까라팟죠	(남) 바퀴벌레
scaricare 스까리까레	(타동) 내리다(물건을)
scarpe 스까르뻬	(여.복) 구두, 신발
- scarpe da calcio 스까르뻬 다 깔쵸	- 축구화
- scarpe da ginnastica 스까르뻬 다 진나스띠까	- 운동화
scarponi da montagna 스까르뽀니 다 몬따냐	등산화
scatola 스까똘라	(여) 상자
scavare 스까바레	(타동) 캐다(묻힌 것을)

255

scegliere 쉘리에레	(타동) 고르다, 선택하다
scelta 쉘따	(여) 선택
scena 쉐나	(여) 무대, 장면
scendere 쉔데레	(타동) 내려가다. (자동) 내리다(탈것에서)
- scendere dalla macchina 쉔데레 달라 마끼나	- 차에서 내리다
scheda telefonica 스께다 뗄레포니까	전화 카드
schermo 스께르모	(남) 모니터, 화면
scherzare 스께르짜레	(자동) 농담을 하다
scherzo 스께르쪼	(남) 농담
schiuma 스끼우마	(여) 거품
sci 쉬	(남.복) 스키
scialuppa 샬루빠	(여) 소형 선박, 보트
- scialuppa di salvataggio 샬루빠 디 살바땃죠	- 구명 보트
sciampo 샴뽀(= shampoo 샴뽀)	(남) 샴푸

sciaquare 솨꽈레	(타동) 헹구다
sciare 쉬아레	(자동) 스키를 타다
sciarpa 솨르빠	(여) 목도리, 스카프
scientifico 쉔디피꼬	(남) 과학자 (형) 과학의
scienza 쉔자	(여) 과학
scimmia 쉼미아	(여) 원숭이
scioperare 쇼뻬라레	(사농) 파업하다
sciopero 쇼뻬로	(남) 파업
sciroppo 쉬롭뽀	(남) 시럽
scivolare 쉬볼라레	(자동) 미끄러지다
scivolo 쉬볼로	(남) 미끄럼틀
scommettere 스꼼메떼레	(타동) 내기를 하다
scomodo 스꼬모도	(형) 불편한
scompartimento 스꼼빠르띠멘또	(남) 칸(기차의)

sconfitta 스꼰핏따	(여) 패배
sconosciuto 스꼬노슈또	(형) 낯설은
scontare 스꼰따레	(타동) 할인하다
scontento 스꼰뗀또	(형) 불만족한
sconto 스꼰또	(남) 세일, 할인판매
scontrino 스꼰뜨리노	(남) 영수증
- scontrino bagagli 스꼰뜨리노 바갈리	- 수하물 영수증
scopa 스꼬빠	(여) 비(빗자루)
scopo 스꼬뽀	(남) 목적
- scopo della visita 스꼬뽀 델라 비지따	- 방문 목적
scoppiare 스꼬삐아레	(자동) 발생하다, 폭발하다
- scoppiare incendio 스꼬삐아레 인첸디오	- 불이 나다
scoprire 스꼬쁘리레	(타동) 발견하다
scorciatoia 스꼬르챠또이아	(여) 지름길

scorfano 스꼬르파노	(남) 우럭(생선)
scorso 스꼬르소	(형) 지난
scottare 스꼿따레	(타동) 태우다 (자동) 뜨꺼운 열을 발산하다
scrittoio 스끄리또이오	(남) 책상
scrivania 스끄리바니아	(여) 탁자
scrivere 스끄리베레	(자동) 쓰다 (타동) 글을 쓰다
- scrivere la lettera 스끄리베레 라 렛떼라	- 편지를 쓰다
scultura 스꿀뚜라	(여) 조각(彫刻)
scuola 스꾸올라	(여) 학교
- scuola elementare 스꾸올라 엘레멘따레	- 초등학교
- scuola materna 스꾸올라 마떼르나	- 유치원
- scuola media 스꾸올라 메디아	- 중학교
- scuola privata 스꾸올라 쁘리바따	- 사립학교
- scuola statale 스꾸올라 스따딸레	- 공립학교

scusa
스꾸자

(여) 구실, 변명

scusare
스꾸자레

(타동) 변명하다, 용서하다

- Mi scusi!
미 스꾸지!

- 미안합니다, 실례합니다

Scusi!
스꾸지

미안합니다, 실례합니다

sdraiarsi
즈드라이아르시

(재귀동사) 눕다

se
세

(접) 만약 ~라면

- se è necessario
세 에 네체싸리오

- 필요하다면

secco
세꼬

(형) 마른, 건조한

secolo
세꼴로

(남) 세기(기간)

secondo
세꼰도

(형) 두번째의 (남) 초(시간)

- secondo piatto
세꼰도 삐앗또

- 메인 요리

secrezione nasale
세끄레찌오네 나잘레

콧물

sedano
세다노

(남) 셀러리(celery)

sede centrale
세데 첸뜨랄레

(여) 본사, 본점

sedere 세데레	(남) 엉덩이
sedersi 세데르시	(재귀동사) 앉다
sedia 세디아	(여) 의자
- sedia pieghevole 세디아 삐에게볼레	- 접이 의자
Sediamoci! 세디아모치!	앉읍시다!
sedurre 세두레	(타동) 유혹하다
segala 세갈라	(여) 호밀
segnalare 세날라레	(타동) 드러나게 하다, 알리다
segnare 세냐레	(타동) 표시하다
segno 세뇨	(남) 신호
segretaria 세그레따리아	(여) 여자 비서
segretario 세그레따리오	(남) 남자 비서
segreteria 세그레떼리아	(여) 비서실
segreto 세그레또	(남) 비밀

seguente 세구엔떼	(형) 다음의 (남), (여) 다음 사람
seguire 세귀레	(타동) 따라가다, 쫓다
self-service 셀프 서비스	(남) 셀프서비스
selvatico 셀바띠꼬	(형) 야생의
semaforo 세마포로	(남) 교통 신호등
sembrare 셈브라레	(비인칭 동사) 처럼 보이다 (연계동사) 나타나다
seme 세메	(남) 씨, 종자
semestre 세메스뜨레	(남) 학기
semifinale 세미피날레	(남) 준결승전
seminario 세미나리오	(남) 세미나
semiterrato 세미떼라또	(남) 지하실
semplice 셈쁠리체	(형) 단순한, 간단한
semplicemente 셈쁠리체멘떼	(부) 단순하게
sempre 셈쁘레	(부) 항상, 언제나

senape 세나뻬	(여) 겨자
sensazione 센사지오네	(여) 감정, 느낌
senso 센소	(남) 감각, 감정, 방향
- Senso unico 센소 우니꼬	- 일방통행
Senta! 센따!	여보세요!(행인에게)
sentenza 센뗀짜	(여) 판결
sentiero 센띠에로	(남) 비탈길
sentimento 센띠멘또	(남) 느낌, 감정
sentire 센띠레	(타동) 냄새를 맡다, 듣다, 느끼다
senza 센자	(전) ~없이
separarsi 세빠라르시	(재귀동사) 헤어지다
separato 세빠라또	(형) 분리된
seppia 세삐아	(여) 오징어
sera 세라	(여) 저녁

-l'altra sera 랄뜨라 세라	− 지난 저녁
serbatoio 세르바또이오	(남) 탱크(저장고)
- serbatoio dell'acqua 세르바또이오 델라꾸아	− 물탱크
sereno 세레노	(형) 고요한, 조용한
serio 세리오	(형) 신중한
serpente 세르뻰떼	(남) 뱀
servire 세르비레	(타동) 봉사하다, 서비스하다
servitore 세르비또레	(남) 하인
servitrice 세르비뜨리체	(여) 하녀
servizio 세르비찌오	(남) 봉사, 서비스
- servizio camere 세르비찌오 까메레	− 룸서비스
sesso 셋소	(남) 성(性), 섹스
seta 세따	(여) 실크
sete 세떼	(여) 갈증

settimana (여) 주(週)
세띠마나

- **settimana prossima** – 다음 주
  세띠마나 쁘로시마

- **settimana scorsa** – 지난 주
  세띠마나 스꼬르사

settore (남) 분야
세또레

severo (형) 엄한, 진지한
세베로

sfortunato (형) 불운한
스포르뚜나또

sforzo (남) 노력
스포르쪼

sfumatura (여) 뉘앙스
스푸마뚜라

sgombro (남) 고등어
즈곰브로

Si sieda! 앉으세요!
시 시에다!

Sì (부) 예(yes)
시

siccità (여) 가뭄
시치따

sicurezza (여) 안전
시꾸레짜

- **sicurezza pubblica** – 치안
  시꾸레짜 뿌블리까

Siediti! 시에디띠	앉아!
sigaretta 시가렛따	(여) 담배
sigaro 시가로	(남) 시가(담배)
significare 시니피까레	(타동) 의미하다
significato 시니피까또	(남) 의미
signora 시뇨라	(여) 부인(Mrs.)
signore e signori 스뇨레 에 시뇨리	신사 숙녀 여러분
signore 시뇨레	(남) 미스터(Mr.). 주님(S 대문자)
signorina 시뇨리나	(여) 아가씨
Silenzio! 실렌찌오!	조용히 하세요!
silenzioso 실렌찌오조	(형) 조용한, 고요한
sillaba 실라바	(여) 음절
simile 시밀레	(형) 비슷한, 유사한
simpatico 심빠띠꼬	(형) 마음씨가 좋은

sincero 신체로 — (형) 솔직한

sindacato 신다까또 — (남) 노조

sindaco 신다꼬 — (남) 시장(市長)

singhiozzo 싱기옷쬬 — (남) 딸꾹질

single 싱글 — (남) 미혼자

singolare 싱골라레 — (형) 단수의 (남) 단수

sinistra 시니스뜨라 — (여) 왼쪽

- a sinistra 아 시니스뜨라 — - 왼쪽으로, 왼쪽에

sinonimo 시노니모 — (남) 동의어

sintomo 신또모 — (남) 증상, 징후

sistema 시스떼마 — (남) 시스템, 체계

situazione 시뚜아찌오네 — (여) 상황

- situazione economica 시뚜아찌오네 에꼬노미까 — - 경기(景氣), 경제상황

slegare 즐레가레 — (타동) 풀다(끈을)

slip 즐립	(남) 속옷
slogarsi 즐로가르시	(재귀동사) 접질리다, 삐다
slogatura 즐로가뚜라	(여) 뼘
smettere 즈멧떼레	(타동) 그만두다
- smettere di fumare 스메떼레 디 푸마레	- 담배를 끊다
smontare 즈몬따레	(타동) 해체하다
snello 즈넬로	(형) 날씬한
sociale 소치알레	(형) 사회적인
società 소치에따	(여) 사회
soda 소다	(여) 소다
soddisfacente 소디스파첸떼	(형) 만족스런
soddisfazione 소디스파찌오네	(여) 만족
sofferente 소페렌떼	(형) 괴로운
soggettivo 소젯띠보	(형) 주관적인

soggetto 소젯또	(남) 주어
soggiornare 소조르나레	(자동) 묵다
soggiorno 소죠르노	(남) 거실, 체류
sogliola 솔리올라	(여) 서대기(어류)
sognare 소냐레	(자동) 꿈을 꾸다 (타동) ~을/를 꿈꾸다
sogno 소뇨	(남) 꿈
soldato 솔다또	(남) 군인
soldo 솔도	(남) 돈(錢)
sole 솔레	(남) 해(태양)
solo 솔로	(형) 혼자인 (부) 단지, 오로지
soltanto 솔딴또	(부) 단지, 오로지
soluzione 솔루찌오네	(여) 해결책
somma 솜마	(여) 합계
sommare 솜마레	(타동) 종합하다, 더하다

sommario 솜마리오	(남) 요약
sopportare 소뽀르따레	(타동) 견디다
sopra 소쁘라	(전) 위쪽 (부) 위로
sopracciglia 소쁘라칠리아	(여.복) 눈썹
soprano 소쁘라노	(남) 소프라노
soprattutto 소쁘라뚯또	(부) 특히, 무엇보다
sopravvivere 소쁘라비베레	(자동) 생존하다
sorbetto 소르벳또	(남) 샤베트
sorda 소르다	(여) 여자 귀머거리
sordo 소르도	(남) 남자 귀머거리 (형) 귀가 들리지 않는
sorella 소렐라	(여) 누나, 자매, 여동생, 언니
- sorella maggiore 소렐라 마죠레	- 언니, 누나
- sorella minore 소렐라 미노레	- 여동생
sorgere 소르제레	(자동) 솟아오르다

- sorgere della luna 소르제레 델라 루나	- 달이 뜨다
sorridere 소리데레	(자동) 미소를 짓다
sorriso 소리조	(남) 미소
sostituire 소스띠뚜이레	(타동) 대체하다
sostituzione 소스띠뚜찌오네	(여) 대체
sotterrare 소떼라레	(타동) 묻다(땅에)
sottile 소띨레	(형) 얇은
sotto 솟또	(부) 아래에, 밑에 (전) 아래의
sottogonna 소또곤나	(여) 슬립(slip)
sottolineare 소또리네아레	(타동) 강조하다
sottoterra 소또떼라	(남) 지하
sottotitolo 소또띠똘로	(남) 자막
spada 스빠다	(여) 검(무기)
spaghetti 스빠겟띠	(남.복) 스파게티

- **spaghetti ai frutti di mare** — 해물 스파게티
  스빠겟띠 아이 프룻띠 디 마레

- **spaghetti al nero di seppia** — 오징어 먹물 스파게티
  스빠겟띠 알 네로 디 세삐아

- **spaghetti al pomodoro** — 토마토 스파게티
  스빠겟띠 알 뽀모도로

- **spaghetti alle vongole** — 바지락 스파게티
  스빠겟띠 알레 봉골레

Spagna (여) 스페인
스빠냐

spagnola (여) 스페인 여자
스빠뇰라

- **la lingua spagnola** — 스페인어
  라 링구아 스빠뇰라

spagnolo (남) 스페인 남자
스빠뇰로

spalla (여) 어깨
스빨라

sparire (자동) 사라지다
스빠리레

spazio (남) 공간
스빠찌오

spazzola (여) 솔, 브러쉬
스빠쫄라

- **spazzola per capelli** — 머릿솔
  스빠쫄라 뻬르 까뻴리

- **spazzolino da denti** — 칫솔
  스빠쫄리노 다 덴띠

specchietto 스뻬끼에또	(남) 작은 거울
- specchietto esterno 스뻬끼에또 에스떼르노	- 사이드미러(자동차)
- specchietto retrovisore 스베끼에또 레뜨로비조레	- 백미러(자동차)
specchio 스뻬끼오	(남) 거울
speciale 스뻬치알레	(형) 특별한
specialità 스뻬찰리따	(여) 별미, 특제품
specializzato 스뻬찰리자또	(형) 전문화된
specialmente 스뻬찰멘떼	(부) 특별히
spedire 스뻬디레	(타동) 보내다, 우송하다
spegnere 스뻬녜레	(타동) 불을 끄다
speranza 스뻬란짜	(여) 희망
spesa 스뻬자	(여) 쇼핑
- fare la spesa 파레 라 스뻬자	- 쇼핑을 하다, 시장을 보다
- spese di trasporto 스뻬제 디 뜨라스뽀르또	- 운송비, 교통비

spesso 스뻿소	(형) 두꺼운
spettacolo 스뻬따꼴로	(남) 공연
spettatore 스페따또레	(남) 관람객
spezie 스뻬찌에	(여.복) 향료
spiaggia 스뻐앗좌	(여) 해안, 해변
spicciolo 스삐촐로	(남) 잔돈 (형) 잔돈의
spiegare 스뻐에가레	(타동) 설명하다
spigola 스삐골라	(여) 다금바리(생선)
spilla 스삘라	(여) 브로치
- spilla di sicurezza 스삘라 디 시꾸렛짜	- 옷핀
spillatrice 스삘라뜨리체	(여) 스탬플러
spillo 스삘로	(남) 핀(pin)
spina 스삐나	(여) 플러그(plug), 가시
spinaci 스삐나치	(남.복) 시금치

spingere 스삔제레	(타동) 밀다
spirito 스삐리또	(남) 정신
splendere 스쁠렌데레	(자동) 빛을 발하다
splendido 스쁠렌디도	(형) 화려한, 멋있는
sporco 스뽀르꼬	(남) 더러운
sport 스뽀르뜨	(남) 스포츠
sportello 스뽀르뗄로	(남) 창구, 카운터
sposa 스뽀자	(여) 신부
sposarsi 스뽀자르시	(재귀동사) 결혼하다
sposo 스뽀조	(남) 신랑
sprecare 스쁘레까레	(타동) 낭비하다
spugna 스뿌냐	(여) 스폰지
spumante 스뿌만떼	(남) 샴페인
spuntino 스뿐띠노	(남) 스넥

squadra
스꽈드라
(여) 삼각자, 팀(team)

- **squadra avversaria**
  스꽈드라 아베르사리아
  - 상대팀

- **squadra di calcio**
  스꽈드라 디 깔쵸
  - 축구팀

squalo
스꽐로
(남) 상어

staccare il telefono
스따까레 일 뗄레포노
전화를 끊다

stadio
스따디오
(남) 운동장, 경기장

stagione
스따죠네
(여) 계절

- **alta stagione**
  알따 스따죠네
  - 하이시즌(high season)

- **bassa stagione**
  밧사 스따죠네
  - 로우시즌(low season)

- **stagione delle piogge**
  스따죠네 델레 삐옷제
  - 우기(雨期)

- **stagione secca**
  스따죠네 세까
  - 건기

stagno
스따뇨
(남) 연못, 웅덩이

stalla
스딸라
(여) 외양간

stamattina
스따마띠나
(부) 오늘 아침

stampante 스땀빤떼	(남) 프린터
stanco 스땅꼬	(형) 피곤한
stanotte 스따놋떼	(부) 오늘 밤, 지난 밤
stanza 스딴자	(여) 객실, 방
stare 스따레	(자동) 지내다
stasera 스따세라	(부) 오늘 저녁
statale 스따딸레	(형) 국영의
stato 스따또	(나) 상태, 상황
Stato 스따또	(남) 국가(S 대문자)
- Stati Uniti 스따띠 우니띠	- (남.복) 미국
statua 스따뚜아	(여) 조각상
stazione 스따찌오네	(여) 역(驛)
- stazione di cambio 스따찌오네 디 깜비오	- 환승역
- stazione di polizia 스따찌오네 디 뽈리찌아	- 경찰서

- stazione di quarantena — 검역소
  스따찌오네 디 꽈란떼나

- stazione metropolitana — 지하철 역
  스따찌오네 메뜨로뽈리따나

- stazione radiotelevisiva — 방송국
  스따찌오네 라디오뗄레비지바

stella (여) 별
스뗄라

stendere il bucato 빨래를 널다
스뗀데레 일 부까또

sterlina (여) 파운드(화폐)
스떼를리나

stile (남) 스타일
스띨레

- stile libero — 자유형(수영)
  스띨레 리베로

stilista (남) 스타일리스트, 디자이너
스띨리스따

stipendio (남) 월급, 급여
스띠뻰디오

stirare (타동) 다리다(다리미로)
스띠라레

stivali (남.복) 부츠(boots)
스띠발리

stock (남) 재고품
스똑

stomaco (남) 위장(신체)
스또마꼬

storia 스또리아	(여) 역사(歷史)
storico 스또리꼬	(남) 역사가
straccio 스뜨라쵸	(남) 걸레
strada 스뜨라다	(여) 길, 거리
- **strada a pagamento** 스뜨라다 아 빠가멘또	- 유료 도로
- **strada commerciale** 스뜨라다 꼼메르치알레	- 쇼핑가
- **strada statale** 스뜨라다 쓰따딸레	- 국도
straniero 스뜨라니에로	(남) 외국인
strano 스뜨라노	(형) 이상한
straordinario 스뜨라오르디나리오	(형) 특별한, 굉장한
stretto 스뜨렛또	(형) 좁은, 조이는
- **stretta di mano** 스트렛따 디 마노	- 악수
stringere 스뜨린제레	(타동) 조이다
strisce pedonali 스뜨리쉐 뻬도날리	횡단보도

striscione 스뜨리쇼네	(남) 현수막
strumento 스뚜루멘또	(남) 도구
- strumento musicale 스뜨루멘또 무지깔레	– 악기
struttura 스뜨루뚜라	(여) 구조(構造)
strutturato 스뜨루뚜라또	(형) 구조가 있는
struzzo 스뜨룻쪼	(남) 타조
studente 스뚜덴떼	(남) 학생
- studente universitario 스뚜덴떼 우리베르시따리오	– 대학생
studentessa 스뚜덴뗏사	(여) 여학생
studiare 스뚜디아레	(타동) 공부를 하다
studio 스뚜디오	(남) 공부, 스튜디오
- studio dentistico 스뚜디오 덴띠스띠꼬	– 치과
- studio ginecologico 스뚜디오 지네꼴로지꼬	– 산부인과
- studio oculistico 스뚜디오 오꿀리스띠꼬	– 안과

stuoia 스뚜오야	(여) 돗자리
stupido 스뚜삐도	(형) 멍청한
stuzzicadenti 스뚜찌까덴띠	(남) 이쑤시개
su 수	(전) 위에 (부) 위에
subito 수비또	(부) 즉시, 곧바로
succedere 수체데레	(자동) 생기다, 발생하다
succo 수꼬	(남) 주스, 즙
- succo d'arancia 수꼬 다란챠	- 오렌지 주스
- succo di limone 수꼬 디 리모네	- 레몬즙
sud 수드	(남) 남쪽
sudare 수다레	(자동) 땀을 흘리다
Sud-Asia 수드 아시아	(남) 동남아
sudore 수도레	(남) 땀
sufficiente 수피첸떼	(형) 충분한

suocera 수오체라	(여) 시어머니, 장모
suocero 수오체로	(남) 시아버지, 장인
suonare 수오나레	(타동) 악기를 연주하다 (자동) 소리를 내다
suora 수오라	(여) 수녀
supermercato 수뻬르메르까또	(남) 슈퍼마켓
superstizione 수뻬르스띠찌오네	(여) 미신
superstizioso 수뻬르스띠찌오조	(형) 미신적인
supplemento 수쁠레멘또	(남) 추가요금
supposta 수뽀스따	(여) 좌약
susina 수지나	(여) 자두
sveglia 즈벨리아	(여) 자명종
- sveglia telefonica 즈벨리아 뗄레포니까	- 모닝콜
svegliarsi 즈벨리아르시	(재귀동사) 깨어나다(잠에서)
sviluppare 즈빌루빠레	(타동) 발전하다, 현상하다(사진)

Svizzera 즈빗제라	(여) 스위스
svizzera 즈빗제라	(여) 스위스 여자
svizzero 즈빗제로	(남) 스위스 남자

t

tabacchi 따바끼   (남.복) 담배 가게

tabacco 따바꼬   (남) 담배

tabella 따벨라   (여) 도표

- tabella della tariffa 따벨라 델라 따릿파   - 요금표

tacchino 따끼노   (남) 칠면조

tacco 따꼬   (남) 굽(구두)

taccuino 따꾸이노   (남) 수첩

taglia 딸리아   (여) 사이즈

tagliare 딸리아레   (타동) 자르다

tagliaunghie 딸리아웅기에   (남) 손톱깍이

taglio 딸리오   (남) 절단, 자르기

- taglio di capelli 딸리오 디 까뻴리   - 이발

talento 딸렌또	(남) 재능
tallone 딸로네	(남) 뒤꿈치
talvolta 딸볼따	(부) 가끔
tamburro 땀부로	(남) 작은북(악기)
tanto 딴또	(형) 많은 (대) 많은, 많이, 매우
tappetto 따뻬또	(남) 양탄자
tappo 땁뽀	(남) 뚜껑, 마개
tardare 따르다레	(자동) 늦다
tardi 따르디	(부) 늦게
tardivo 따르디바	(형) 늦은
tariffa 따리파	(여) 요금, 운임
- tariffa base 따리파 바제	- 기본 요금
- tariffa postale 따리파 뽀스딸레	- 우편 요금
tartaruga 따르따루가	(여) 거북이

tasca 따스까	(여) 주머니, 호주머니
tassa 땃사	(여) 세금
- tassa d'ingresso 땃싸 딩그레쏘	- 관람료
- tassa doganale 땃싸 도가날레	- 관세
- tassa per il servizio 땃사 뻬르 일 세르비찌오	- 봉사료
tassi(= taxi) 땃시	(남) 택시
tastiera 따스띠에라	(여) 키보드(컴퓨터)
tavola 따볼라	(여) 식탁, 테이블
tavolozza 따볼롯짜	(여) 팔레트(그림용)
tazza 땃짜	(여) 잔
- tazza da tè 땃짜 다 떼	- 찻잔
tè 떼	(남) 차(음료)
- tè al limone 떼 알 리모네	- 레몬티
- tè d'orzo 떼 도르조	- 보리차

- tè verde 떼 베르데	- 녹차
teatro 떼아뜨로	(남) 극, 연극, 극장
tecnico 떼끄니꼬	(남) 기술자
tecnologia 떼끄놀로쟈	(여) 기술
tedesca 떼데스까	(여) 독일 여자
tedesco 떼데스꼬	(남) 독일 남자, 독일어
- la lingua tedesca 라 링구아 떼세스까	- 독일어
tegame 떼가메	(남) 프라이팬, 냄비
telecomando 뗄레꼬만도	(남) 리모트콘트롤
telefonare 뗄레포나레	(자동) 전화를 하다 (타동) 전화로 ~을/를 통보하다
telefonino 뗄레포니노	(남) 휴대폰
telefono 뗄레포노	(남) 전화, 전화기
- telefono pubblico 뗄레포노 뿌블리꼬	- 공중 전화
televisore 뗄레비죠레	(남) 텔레비전

telo da spiaggia 뗄로 다 스삐아좌	비치타월(beach towel)
tema 떼마	(남) 주제 (여) 걱정, 근심
temere 떼메레	(타동) 두려워하다 (자동) 걱정되다
temperatura 뗌뻬라뚜라	(여) 기온, 온도
temperino 뗌뻬리노	(남) 연필깎이
tempio 뗌삐오	(남) 사원, 사찰, 신전
tempo 뗌뽀	(남) 날씨, 때, 시간
- bel tempo 벨 뗌뽀	- 좋은 날씨
temporale 뗌뽀랄레	(남) 폭풍우
tenda 뗀다	(여) 커튼, 텐트
tendenza 뗀덴짜	(여) 추세, 경향
tenere 떼네레	(타동) 붙들다
tennis 뗀니스	(남) 테니스
- tennis da tavolo 뗀니스 다 따볼로	- 탁구

tenore 떼노레	(남) 테너
tentare 뗀따레	(타동) 시도하다
tentativo 뗀따띠보	(남) 시도
teologia 떼올로지아	(여) 신학
teoria 떼오리아	(여) 이론
tergicristallo 떼르지끄리스딸로	(남) 와이퍼(자동차)
terme 떼르메	(여) 온천
terminale 떼르미날레	(남) 터미널
- terminale dell'autobus 떼르미날레 델라우또부스	– 버스터미널
termine 떼르미네	(남) 기한, 용어
termometro 떼르모메뜨로	(남) 온도계
terra 떼라	(여) 땅, 지구
terrazza 떼랏짜	(여) 테라스
terremoto 떼레모또	(남) 지진

terreno 떼레노	(남) 토양
terrorismo 떼로리즈모	(남) 테러
terzo 떼르쪼	(형) 세 번째의
tesi 떼지	(여) 논문
tesoro 떼조로	(남) 보물
- tesoro nazionale 떼조로 나찌오날레	- 국보
tessere 뗏세레	(자동) 옷감을 짜다 (타동) 원단을 생산하다
tessuto 떼수또	(남) 옷감, 천
testa 떼스따	(여) 머리
testamento 떼스따멘또	(남) 유언
testata 떼스따따	(여) 헤딩
testimone 떼스띠모네	(남) 증인
testimoniare 떼스띠모니아레	(타동) 증명하다
testo 떼스또	(남) 교과서

tetano 떼따노	(남) 파상풍
tetto 뗏또	(남) 지붕
thailandese 따일란데제	(남) 태국 남자, 태국어 (여) 태국여자
- la lingua thailandese 라 링구아 따일란데제	- 태국어
Thailandia 따일란디아	(여) 태국
tiepido 띠에삐도	(형) 미지근한
tifone 띠포네	(남) 태풍
tifoso 띠포조	(남) 팬(fan), 애호가
tigre 띠그레	(여) 호랑이
timido 띠미도	(형) 부끄러운
timpano 띰빠노	(남) 고막(신체)
tingere 띤제레	(타동) 물들이다, 염색하다
tinta 띤따	(여) 염색
- farsi la tinta 파르시 라 띤따	- 염색을 하다

tintura 띤뚜라	(여) 염색
tipo 띠뽀	(남) 종류, 타입
tiramisù 띠라미수	(남) 티라미수
tirare 띠라레	(타동) 잡아당기다
- tirare vento 띠라레 벤또	– 바람이 불다
tiro 띠로	(남) 슛, 잡아 당김
titolo 띠똘로	(남) 제목
- titolo di dottorato 띠똘로 디 도또라또	– 박사학위
- titolo di Stato 띠똘로 디 스따또	– 국채
toccare 또까레	(타동) 만지다, 건드리다
- Non toccare! 논 또까레!	– 만지지 마! 건드리지 마라!
tofu 또푸	(남) 두부
togliere 똘레레	(타동) 뽑다
togliersi 똘레르시	(재귀동사) (옷 등을) 벗다

toiletto 또일레또	(남) 화장실, 변소
toletta 똘렛따(= toilette 또일렛떼)	(여) 화장대
tomba reale 똠바 레알레	(여) 능(왕의 무덤)
tonno 똔노	(남) 참치
topo 또뽀	(남) 쥐(동물)
topografia 또뽀그라피아	(여) 지형
topolino 또뽈리노	(남) 생쥐
torcia (elettrica) 또르치아 (엘레뜨리까)	(여) 손전등
tornare 또르나레	(자동) 돌아오다(가다)
torre 또레	(여) 탑(塔)
torrente 또렌떼	(남) 냇물
torrido 또리도	(형) 무더운
torta 또르따	(여) 케이크
- torta di compleanno 또르따 디 꼼쁠레안노	- 생일 케이크

- torta nuziale 또르따 누찌알레	- 결혼 케이크
tosse 똣세	(여) 기침
totale 또딸레	(형) 전체적인. (남) 합계
tovaglia 또발리아	(여) 식탁보
tovagliolo 또발리올로	(남) 냅킨
tra 뜨라(= fra 프라)	(전) 사이에, ~후에
traccia 뜨랏챠	(여) 흔적
tradimento 뜨라디멘또	(남) 배반
tradire 뜨라디레	(타동) 배반하다
tradizionale 뜨라디찌오날레	(형) 전통적인
tradizione 뜨라디찌오네	(여) 전통
tradurre 뜨라두레	(타동) 번역하다
traduttore 뜨라두또레	(남) 번역가
traduzione 뜨라두찌오네	(여) 번역

traffico 뜨라피꼬	(남) 트래픽, 교통
tragedia 뜨라제디아	(여) 비극
trainare 뜨라이나레	(타동) 견인하다
tramezzino 뜨라멧찌노	(남) 샌드위치
tramm 뜨람	(남) 전차
tramontare 뜨라몬따레	(자동) 해가 지다, 달이 지다
tranquillante 뜨랑뀔란떼	(남) 신경안정제
tranquillo 뜨랑뀔로	(형) 조용한, 고요한
trapano 뜨라빠노	(남) 드릴(drill)
trasferimento 뜨라스페리멘또	(남) 갈아타기
trasferire 뜨라스페리레	(타동) 옮기다
trasfusione 뜨라스푸지오네	(여) 액체의 이동
- trasfusione di sangue 뜨라스푸지오네 디 상구에	– 수혈
traslocare 뜨라스로까레	(타동) ~을/를 옮기다 (자동) 이사하다

trasloco 뜨라스로꼬	(남) 이사
trasmettere 뜨라스메떼레	(타동) 방송하다, 보도하다
trasmissione 뜨라스미시오네	(여) 보도(報道), 방송
- trasmissione in diretta 뜨라스미시오네 인 디렛따	- 생방송
trasportare 뜨라스뽀르따레	(타동) 수송하다, 운송하다
trasporto 뜨라스뽀르또	(남) 수송, 운송
- trasporto via mare 뜨라스뽀르또 비아 마레	- 해상운송
trattare 뜨라따레	(타동) 다루다
trattativa 뜨라따띠바	(여) 교섭, 협상
tratto 뜨랏또	(남) 선, 부분, 거리
- ad un tratto 아 둔 뜨랏또	- 갑자기
trauma cranico 뜨라우마 끄라니꼬	(남) 뇌진탕
travellers' cheque 트레블러스 체크	여행자 수표
tre 뜨레	(남) 삼(3). (형) 셋의

trecento 뜨레첸또	(남) 삼백(300) (형) 삼백의
treno 뜨레노	(남) 기차
- treno alta velocità 뜨레노 알따 벨로치따	- 고속 열차
- treno locale 뜨레노 로깔레	- 완행 열차, 단거리 열차
- treno notturno 뜨레노 노뚜르노	- 야간 열차
trenta 뜨렌따	(남) 삼십(30). (형) 삼십의
treppiede 뜨레삐에데	(남) 삼각대
triglia 뜨릴랴	(여) 숭어
trippa 뜨립빠	(여) 양(소의 위장)
triste 뜨리스떼	(형) 슬픈
tristezza 뜨리스뗏자	(여) 슬픔
tromba 뜨롬바	(여) 나팔
troppo 뜨롭뽀	(형) 너무 많은 (대) 많은 양
trota 뜨로따	(여) 송어

trovare 뜨로바레	(타동) 발견하다, 만나다
truccare 뜨루까레	(타동) 화장을 하다
tu 뚜	(대) 너
tubercolosi 뚜베르꼴로지	(여) 결핵, 폐병(의학)
tubo 뚜보	(남) 파이프
tuffo 뚜포	(남) 다이빙
tumore 뚜모레	(남) 종양
- tumore al cervello 뚜모레 알 체르벨로	- 뇌종양
tunnel 뚠넬	(남) 땅굴
tuo 뚜오	(형) 너의 (대) 네것
tuono 뚜오노	(남) 천둥
turismo 뚜리즈모	(남) 관광
turista 뚜리스따	(남), (여) 관광객
turno 뚜르노	(남) 교대, 차례

- **fare il turno**
  파레 일 뚜르노

  – 교대하다, 교대작업을 하다

tutti
뚯띠

(형) 모든
(대) 모두, 모든 사람

tutto
뚯또

(형) 모든,
(대) 모든 것, 모두

- **tutto il corpo**
  뚯또 일 꼬르뽀

  – 온몸, 전신

- **tutto il giorno**
  뚯또 일 죠르노

  – 하루 종일

- **tutto il mondo**
  뚯또 일 몬도

  – 전세계(全世界)

u

ubriaco
우브리아꼬
(형) 술취한

uccello
우쳴로
(남) 새(조류)

uccidere
우치데레
(타동) 죽이다

udito
우디또
(남) 청각

ufficiale
우피치알레
(형) 공식적인

ufficio
우피쵸
(남) 사무실

- **ufficio cambi**
  우피쵸 디 깜삐
  – 환전소

- **ufficio governativo**
  우피쵸 고베르나띠보
  – 관청

- **ufficio d'immigrazione**
  우피쵸 딤미그라찌오네
  – 출입국관리소

- **ufficio oggetti smarriti**
  우피쵸 오젯띠 즈마릿띠
  – 유실물 센터

- **ufficio postale centrale**
  우피죠 뽀스딸레 첸뜨랄레
  – 중앙 우체국

- **ufficio postale**
  우피쵸 뽀스딸레
  – 우체국

- ufficio spedizione bagagli 우피쵸 스뻬디찌오네 바갈리	- 수하물 취급소
uguale 우괄레	(형) 동일한
ugualmente 우괄멘떼	(부) 동일하게, 공평하게
ulcera 울체라	(여) 궤양
ulivo 울리보(= olivo 올리보)	(남) 올리브 나무
ultimo 울띠모	(형) 마지막의, 최후의 (남) 마지막
- ultimo giorno 울띠모 죠르노	- 말일, 마지막 날
- ultimo treno 울띠모 뜨레노	- 막차(기차)
umanità 우마니따	(여) 인류
umidificatore 우미디피까또레	(남) 가습기
umidità 우미디따	(여) 습기
umido 우미도	(형) 습한
umore 우모레	(남) 기분
un po' 운 뽀	약간의, 조금

un, uno, una 운, 오노, 우나	(형) 하나의 (남) 하나(1)
una bottiglia di vino 노우나 보띨랴 디 비	포도주 한 병
una tazza di caffè 우나 따짜 디 까페	커피 한 잔
unghia 웅기아	(여) 손톱
- unghia del piede 웅기아 델 삐에데	– (여) 발톱
unico 우니꼬	(형) 유일한
unificazione 우니피까찌오네	(여) 결합
unirsi 우니르시	(재귀동사) 모이다
unità sanitaria locale 우니따 사니따리아 로깔레	(여) 보건소
università 우니베르시따	(여) 대학교
- università privata 우니베르시따 쁘리바따	– 사립대학
- università statale 우니베르시따 스따딸레	– 국립대학
universo 우니베르소	(남) 우주
uomo 우오모	(남) 남자, 인간

- **uomo d'affare** — 사업가
  우오모 다파레

- **uovo** (남) 달걀, 계란
  우오보

- **uovo a' la coque** — 반숙(달걀)
  우오보 알라 꼬끄

- **uovo al tegame** — 프라이드에그(fried egg)
  우오보 알 떼가메

- **uovo boillito** — 삶은 계란
  우오보 볼리또

- **uovo sodo** — 완숙(달걀)
  우오보 소도

- **uovo strapazzata** — 스크램블에그(scrambled egg)
  우오보 스뜨라빠잣따

uragano (남) 폭풍우
우라가노

urgente (형) 긴급한
우르젠떼

urina (여) 소변
우리나(= orina 오리나)

urna elettorale 투표함
우르나 엘레또랄레

urologo (남) 비뇨기과 의사
우롤로고

usanza (여) 풍습, 관습
우산자

usare (타동) 사용하다
우자레

uscire 우쉬레 — (자동) 외출하다

- uscire dall'ospedale 우쉬레 달로스뻬달레 — - 퇴원하다

uscita 우쉬따 — (여) 출구

- uscita di emergenza 우쉬따 디 에메르젠자 — - 비상구

uso 우조 — (남) 사용, 용도

ustione 우스띠오네 — (여) 화상

utile 우띨레 — (형) 유용한

uva 우바 — (여) 포도

- uva da tavola 우바 다 따볼라 — - 식용 포도

- uva per la vinificazione 우바 뻬르 라 비니피까찌오네 — - 양조용 포도

vacanza
바깐짜
(여) 방학, 휴가

- **vacanze estive**
  바깐쩨 에스띠베
  – 여름 방학(휴가)

- **vacanze invernali**
  바깐제 인베르날리
  – 겨울 방학(휴가)

vacca
바까
(여) 암소

vaccinare
바치나레
(타동) 접종하다

vaccinazione
바치나찌오네
(여) 예방 접종

vagone
바고네
(남) 차량, 기차

- **vagone letto**
  바고네 렛또
  – 침대차

- **vagone ristorante**
  바고네 리스또란떼
  – 식당차

vaiolo
바이올로
(남) 천연두

valido
발리도
(형) 가치있는

valigia
발리좌
(여) 여행용 트렁크

valle 발레	(여) 골짜기, 계곡
valore 발로레	(남) 가치
valutare 발루따레	(타동) 평가하다
valutazione 발루따찌오네	(여) 평가
valvola 발볼라	(여) 벨브(valve)
vantaggio 반땃죠	(남) 유리한 점
vapore 바뽀레	(남) 증기
varicella 바리첼라	(남) 수두
vasca da bagno 바스까 다 바뇨	욕조
vaso 바조	(남) 꽃병
vassoio 바소이오	(남) 쟁반
vecchio 베끼오	(형) 늙은, 나이가 많은, 낡은 (남) 노인
- vecchio amico 베끼오 아미꼬	- 오랜 친구
vedere 베데레	(타동) 보다

vedova 베도바	(여) 미망인
vegetale 베제딸레	(형) 식물의 (명) 식물
veicolo 베이꼴로	(남) 차량
veleno 벨레노	(남) 독(毒)
velocità 벨로치따	(여) 속도
vendemmia 벤뎀미아	(여) 포도 수확
vendemmiare 벤뎀미아레	(타동) 수확하다(포도)
vendere 벤데레	(타동) 판매하다
- vendere al minuto 벤데레 알 미누또	- 소매하다
- vendere all'ingrosso 벤데레 알링그롯소	- 도매하다
vendita 벤디따	(여) 판매
venerdi 베네르디	(남) 금요일
Venga qui! 벵가 뀌!	이리 오세요!
Venga! 벵가!	어서 오세요

venire 베니레	(자동) 오다.
venti 벤띠	(남) 스물(20) (형) 이십의
vento 벤또	(남) 바람
verbo 베르보	(남) 동사(문법)
- verbo ausiliare 베르보 아우질리아레	- 보조동사
- verbo intransitivo 베르보 뜨란지띠보	- 자동사
- verbo servile 베르보 세르빌레	- 조동사
- verbo transitivo 베르보 뜨란지띠보	- 타동사
verde 베르데	(형) 초록 색의
verdura 베르두라	(여) 야채, 채소
vergognarsi 베르고냐르시	(재귀동사) 부끄러워하다
verità 베리따	(여) 진실, 사실
vernice 베르니체	(여) 페인트
vero 베로	(형) 진짜의

versare 베르사레	(타동) 따르다, 쏟다
vertice 베르띠체	(남) 정상(각 나라의)
vertigine 베르띠지네	(여) 현기증
vespa 베스빠	(여) 말벌
vestirsi 베스띠르시	(재귀 동사) 옷을 입다
vestito 베스띠또	(남) 옷
- vestito bianco 베스띠또 비앙꼬	- 흰 옷
veterinario 베떼리나리오	(남) 수의사
vetrina 베뜨리나	(여) 진열장
via 비아	(여) 거리, 길
- via aerea 비아 아에레아	- 항공로
viadotto 비아돗또	(남) 구름다리
viaggiare 비아좌레	(자동) 여행하다 (타동) 장소를 방문하다
viaggiatore 비아좌또레	(남) 여행객

viaggio 비앗죠	(남) 여행
vicinato 비치나또	(남) 부근, 이웃 사람
vicino 비치노	(형) 가까운 (부) 가까이 (명) 이웃
- essere vicino 엣세레 비치노	- 가깝다
vicolo 비꼴로	(남) 골목
Vieni qui! 비에니 뀌!	이리 와!
Vieni! 비에니!	와라!
vietato 비에따또	(형) 금지된
- vietato entrare 비에따또 엔뜨라레	- 출입 금지
- vietato fumare 비에따또 푸마레	- 흡연 금지
Vietnam 비에뜨남	(여) 베트남
la lingua vietnamita 라 링구아 비에뜨나미따	베트남어
il vietnamita(남자) **/ la vietnamita**(여자) 일 비에뜨나미따 / 라 비에뜨나미따	베트남 사람
vigile 비질레	(남) 교통 경찰

vigna 비냐	(여) 포도밭
vigneto 비녜또	(남) 포도밭
villa 빌라	(여) 빌라, 저택
vincere 빈체레	(타동) 이기다
vincitore 빈치또레	(남) 우승자
vinificazione 비니피까찌오네	(여) 포도주 양조
vino 비노	(남) 와인, 포도주
- vino bianco 　비노 비앙꼬	- 백포도주
- vino italiano 　비노 이딸리아노	- 이탈리아 와인
- vino rosso 　비노 롯소	- 적포도주
viola 비올라	(형) 보라 색의 (남) 보라색 (여) 비올라(악기)
violare 비올라레	(타동) 위반하다
violino 비올리노	(남) 바이올린
violoncello 비올론첼로	(남) 첼로

virus 비루스	(남) 바이러스
visione 비지오네	(여) 비전, 시력, 방영
visita 비지따	(여) 방문
visitare 비지따레	(타동) 방문하다
visitatore 비지따또레	(남) 방문객
viso 비조	(남) 얼굴
vista 비스따	(여) 시야
- vista meravigliosa 비스따 메라빌리오자	- 장관(壯觀)
visto 비스또	(남) 비자
- visto d'entrata 비스또 덴뜨라따	- 입국 비자
- visto di transito 비스또 디 뜨란시또	- 통과 비자
vita 비따	(여) 삶, 인생, 생명, 물가, 허리
- vita difficile 비따 디피칠레	- 어려운 인생
- vita dura 비따 두라	- 고생

- vita matrimoniale 비따 마뜨리모니알레	- 결혼 생활
- vita sessuale 비따 세수알레	- 성생활
vitamina 비따미나	(여) 비타민
vite 비떼	(여) 나사못, 포도나무
vitello 비뗄로	(남) 송아지
vitigno 비띠뇨	(남) 포도 품종
vittima 비띠마	(여) 희생자
vivere 비베레	(자동) 살다
vocabolario 보까볼라리오	(남) 단어집
vocabolo 보까볼로	(남) 단어
vocale 보깔레	(여) 모음
voce 보체	(여) 목소리
voglia 볼리아	(여) 욕구, 의욕
voi 보이	(대) 너희들, 당신들

volante 볼란떼	(남) 핸들(자동차)
volare 볼라레	(자동) 날다, 비행하다
volentieri 볼렌띠에리	(부) 기꺼이
volere 볼레레	(타동) 원하다
- **volere dire** 볼레레 디레	- 의미하다
volo 볼로	(남) 비행기
- **volo supersonico** 볼로 수뻬르소니꼬	- 초음속 비행기
volontà 볼론따	(여) 의지, 의욕
volontaria 볼론따리아	(여) 여자 자원봉사자 (형) 자원의
volontario 볼론따리오	(남) 남자 자원봉사자 (형) 자원의
volpe 볼뻬	(여) 여우
vomitare 보미따레	(타동) 토하다
vongola 봉골라	(여) 바지락
vostro(a) 보스뜨로(라)	(형) 너희들의, 당신들의 (대) 너희들 것, 당신들 것

votare
보따레

(타동) 투표하다

votazione
보따찌오네

(여) 투표

voto
보또

(남) 점수, 투표

vulcano
불까노

(남) 화산

wafer
와페르

(남.복) 와플(waffles)

wisky
위스끼

(남) 위스키

xilofono
실로포노

(남) 실로폰

yoga
요가

(남) 요가

yogurt
요구르뜨

(남) 요구르트

zaffiro
자피로

(남) 사파이어

zaino
자이노

(남) 배낭

zanzara
잔자라

(여) 모기

zanzariera
잔자리에라

(여) 모기장

zenzero
젠제로

(남) 생강

zia
찌아

(여) 숙모, 이모, 고모

zio
찌오

(남) 삼촌, 숙부, 이모부, 고모부

Zitto!
짓또!

조용해!

zona
조나

(여) 구역, 지역

- **zona industriale**
  조나 인두스뜨리알레

– 공업 지역

- **zona pedonale**
  조나 뻬도날레

– 보행 지역

zoo
조

(남) 동물원

zucca
쭈까

(여) 호박(식물)

zuccheriera
쭈께리에라

(여) 설탕 그릇

zucchero
쭈께로

(남) 설탕

zuppa
쭙빠

(여) 죽, 국(스프)

wxyz

꿩먹고 알먹는 이탈리아어 첫걸음

이기철 저
46배판 / 242쪽
18,000원(mp3CD)

노래로 배우는 이탈리아어

최보선 저
신국판 / 312쪽
15,000원(CD롬)

독학으로 이탈리아 간다

최보선 저
46배판 / 598쪽
25,000원

**동사를 알면
이탈리아어가 보인다**

최보선 저
46배판 / 616쪽
28,000원(CD롬)

여행필수 이탈리아어회화

허인 편저

B6 / 288쪽

6,500원

영어대조 이탈리아어 회화

허인 편저

46판 / 224쪽

8,000원
(테이프2개포함 15000원)